Guía para el docente y solucionarios

Montaje y puesta en marcha de bienes de equipo y maquinaria industrial

Editado por: IC Editorial
c/ Cueva de Viera, 2, Local 3
Centro Negocios CADI
29200 Antequera (Málaga)
Teléfono: 952 70 60 04
Fax: 952 84 55 03
Correo electrónico: iceditorial@iceditorial.com
Internet: www.iceditorial.com

Guía para el docente y solucionarios:
Montaje y puesta en marcha de bienes de equipo y maquinaria
industrial

1ª Edición

ISBN: 979-13-7027-176-3
Depósito Legal: MA 469-2026

Impresión: PODiPrint
Impreso en Andalucía - España

Índice

Guía para el docente: técnicas de enseñanza y aprendizaje

Contenido

1. Introducción

El presente capítulo está destinado a ofrecer al cuerpo docente responsable de la enseñanza del programa de cualificaciones profesionales y certificados de profesionalidad, una guía metodológica para obtener el máximo rendimiento de los contenidos formativos que han sido desarrollados para el presente título.

La mejora de las habilidades comunicativas y la aplicación de una metodología contrastada de enseñanza, aprendizaje y evaluación permitirá transmitir el conocimiento y adquirir el programa formativo de la forma más efectiva y práctica posible.

Estudiaremos cuáles son los principales elementos que forman parte de la comunicación profesor-alumno, a través de una cuidada selección de sistemas de planificación de estrategias didácticas, así como la utilización de medios y recursos didácticos.

La integración de todas las actividades planificadas alrededor de un plan de formación adaptado e individualizado, aumentará además la satisfacción del alumnado por la utilización de un sistema no lineal e interactivo que se retroalimenta gracias a la relación establecida entre la propia metodología y los actores que forman parte de la enseñanza.

2. El programa de formación

Una de las claves del éxito de la mayoría de las actividades que se realizan en general, y concretamente en la formación, es la **programación.** Es necesaria la programación de las acciones formativas, para que así se pueda alcanzar el objetivo final, es decir, que el alumno obtenga una buena capacitación y adquiera nuevos conocimientos en su repertorio y que, después, sea capaz de emplearlos en su trabajo.

2.1. Definición de programación

Cuando se habla de **programación,** se pueden encontrar multitud de definiciones. Para sintetizar, se podría definir como la actividad de enunciar lo que se quiere hacer (objetivos, contenidos, métodos, temporalización, medios y recursos didácticos y evaluación).

 Definición

Programación
Es un plan donde se establecen las acciones que se van a realizar en un proceso de enseñanza-aprendizaje, por medio de un formador o un equipo.

A continuación, se va a describir una serie de características que tiene que tener una programación didáctica:

- Dinámica. Una programación no es estática ni está acabada, siempre está en constante revisión, de ahí su dinamismo. Además va cambiando o evolucionando según los resultados de la evaluación continua que se va realizando durante la ejecución de la acción.
- Flexible. Esta característica permite que se puedan hacer cambios, ampliaciones, reducciones y actualizaciones de los contenidos y actividades programadas, según las necesidades que se observen.
- Creativa. La programación como es un diseño propio y exclusivo, exige creatividad y originalidad. El docente es el que decide sobre el quehacer en el aula teniendo en cuenta las características del grupo, las necesidades que se pretenden satisfacer y las propias posibilidades.
- Prospectiva. La programación consiste en hacer un pronóstico de la interacción que se va a producir en el aula.

■ Sistemática. La programación es un proceso sistematizador que da coherencia a la acción formativa, ya que tiene en cuenta todos los elementos (objetivos, contenidos, métodos, temporalización, medios y recursos pedagógicos y evaluación) que intervienen en el acto educativo y analiza sus relaciones.

■ Integradora. Permite integrar elementos de cualificación técnico-profesionales con elementos de cualificación personal de alumnado.

■ Funcional. Toda programación debe basarse en el perfil profesional de la ocupación y estructurar los contenidos formativos que proporcionan las competencias de ésta.

2.2. Elementos de la programación

Antes de empezar cualquier programación formativa, es necesario tener en cuenta los datos obtenidos del análisis de la ocupación y del grupo al que se dirige la acción formativa. A partir de esta información, se determinan los elementos que van a conformar la programación.

Cuando se realiza la programación de un curso, hay que plantearse previamente las siguientes preguntas:

1. ¿Qué quiero conseguir con la formación?	OBJETIVOS
2. ¿Qué conocimientos deben asimilar los alumnos para alcanzar los objetivos propuestos?	CONTENIDOS DEL CURSO
3. ¿Cómo trabajamos en el aula? ¿Qué actividades son las que realizamos?	MÉTODOS DE ENSEÑANZA
4. ¿Cuánto tiempo tengo y cuánto dedico a cada módulo?	TEMPORALIZACIÓN
5. ¿Qué medios y recursos didácticos se necesitan para poder llevar a cabo esas actividades?	MEDIOS Y RECURSOS DIDÁCTICOS
6. ¿Cómo sabemos que se ha producido el aprendizaje?	EVALUACIÓN

3. Factores determinantes de la efectividad de la comunicación en el proceso de enseñanza-aprendizaje

En toda comunicación que se produzca en el proceso de enseñanza-aprendizaje, existen factores determinantes que obstaculizan o refuerzan este proceso.

3.1. Obstáculos de la comunicación

Relacionados con el emisor

- No expresar de forma clara qué mensaje se quiere transmitir.
- Comentar algo a lo largo de la explicación que no sea lo correcto y pueda resultar desagradable.
- Cambiar el tema de conversación.
- Desviarse del tema que se está tratando.
- No mirar al receptor cuando se quiere expresar algo.
- No estar atento a las señales que emite el receptor.
- Expresar alguna idea a través de los gestos que no se corresponda con la idea a comunicar.

Relacionados con el receptor

- No comprender las ideas que quiere expresar el emisor.
- No pedir explicación al emisor de aquella información que no le haya quedado clara.
- Interrumpir al emisor cuando está hablando.
- Captar algo diferente a lo que el emisor desea transmitir.

Relacionados con el mensaje

- Mensaje confuso.
- Mensaje muy corto.
- Mensaje muy extenso.
- Abuso de muletillas.
- Utilización de frases sin terminar.
- Dar "rodeos" para decir la idea principal.

Relacionados con el contexto

- No ser el momento adecuado para transmitir algo.
- No saber escoger el lugar oportuno.
- La presencia de ruidos y de interferencias.
- No pensar en las personas que están cerca.

Relacionados con el código

- No utilizar el mismo código que la persona con la que se habla o a la que se escucha.
- No adaptar el vocabulario a la situación o a la persona con la que se conversa.
- Utilizar el doble sentido.

3.2. Sugerencias para el mejor funcionamiento de la comunicación

Emisor

- Acostumbrarse a planificar la comunicación.
- Concretar visiblemente los objetivos.
- Buscar la retroalimentación en la comunicación.
- No tratar de impresionar al receptor.

Mensaje

- Que sea claramente entendido por el receptor.
- Que la terminología usada sea de referencia común.
- Que reclame la atención y el interés del alumnado.
- Que sea sencillo de interpretar.
- Que su contenido sea adecuado y convincente.
- Que produzca el máximo efecto posible.

Canal

- Que sea el más apropiado al grupo al que se dirige, al contenido del mensaje y al objetivo que persigue el formador.
- Que sea el que cause mayor impacto en el receptor.
- Que sea el más eficaz.
- Que sea el que mejor domine el formador.

4. La comunicación verbal y no verbal en el proceso instructivo

Los medios de comunicación pueden agruparse en dos grandes bloques: los **medios verbales,** que son aquellos que usan la lengua como código compartido; y los **medios no verbales,** que son los que se fundamentan en otros códigos simbólicos. A su vez, dentro de los medios verbales, están el medio escrito y el medio oral.

Cada uno de estos medios tiene sus ventajas y sus inconvenientes, por lo que la selección del medio deberá tener en cuenta las circunstancias y características que en cada caso presenta el comunicador, la audiencia y el mensaje que se ha de transmitir.

4.1. Los medios verbales

La comunicación verbal

La comunicación verbal se utiliza para comunicar ideas o dar información, opiniones, expresar o describir sentimientos, etc. Sirve de vehículo a los contenidos explícitos del mensaje. Para garantizar la efectividad de la comunicación, es necesario que el mensaje se presente de forma descriptiva y operativa, pero siempre teniendo muy en cuenta el código común del grupo al que va dirigida esta comunicación.

Un uso correcto del lenguaje oral ayuda a acercarse más a los alumnos. Los principales aspectos a considerar son los que aparecen a continuación.

Construcciones gramaticales

El objetivo será transmitir el mensaje de la manera más clara posible. Se deben evitar los giros rebuscados, la sintaxis complicada y las metáforas. En las explicaciones y conversaciones debe primar el contenido sobre la forma.

Vocabulario

Es importante saber qué palabras van a expresar mejor los conceptos que se desean transmitir y las que pueden ser comprendidas mejor por los alumnos. El análisis previo de los alumnos ayuda a saber qué términos técnicos se pueden utilizar sin problemas, cuáles se tienen que explicar y cuáles se deben evitar.

En general, siempre hay que mantenerse dentro de un lenguaje formal, evitando los vocablos demasiado coloquiales, las palabras extranjeras, las referencias académicas y expresiones de carácter religioso, político, deportivo o cultural, que pueden resultar agresivas para los alumnos.

Ejemplos

Los conceptos abstractos que pueden aparecer y que dificultan la adquisición de los contenidos, tienen que ser expresados mediante las explicaciones del formador, siempre apoyándose en la visualización.

La comunicación escrita

La comunicación escrita posee un carácter más veraz que la oral. La interacción que tiene lugar entre el emisor y el receptor no es inmediata, en algunas ocasiones no llega a producirse jamás. Este tipo de comunicación ofrece más oportunidades expresivas y mayor complejidad gramatical, sintáctica y léxica. También hay que tener en cuenta que a veces dificulta la expresión y/o puede no proporcionar *feedback* de manera inmediata.

4.2. Los medios no verbales

Al igual que las palabras, los elementos de la comunicación no verbal son signos que representan una idea (se excluyen todos los signos lingüísticos).

A diferencia de la comunicación verbal, su función no se centra sólo en la transmisión de contenido, sino que traspasa esa frontera para expresar también las emociones del emisor, controlar la interacción y proporcionar *feedback* del efecto que el mensaje produce en el receptor. Todas estas funciones son muy útiles para el formador, tanto en su tarea de transmisor de conocimientos como en la tarea de motivar y dirigir al grupo.

A continuación, se detallan las diferentes categorías en las que se agrupan los elementos de la comunicación no verbal.

Kinesia

Posturas

Una de las primeras cosas que el formador debe transmitir a sus alumnos es confianza y seguridad, lo que puede conseguirse a través de una postura erguida (sin llegar a ser arrogante), de pie, apoyándose sobre los dos pies y manteniendo la cabeza alta.

Esta postura es útil, especialmente durante la presentación del curso, porque ayuda a relajar el cuerpo, a facilitar la respiración y a controlar las muestras de nerviosismo, al tener un buen apoyo en el suelo.

A medida que avanza el curso, se pueden adoptar otras posturas que faciliten el descanso (apoyarse), el acercamiento (echar el cuerpo hacia delante) o que resten protagonismo (sentarse).

Gestos

Los gestos son un buen aliado del formador, excepto cuando éste se siente incómodo o nervioso. Gestos de carácter adaptador, como rascarse o colocarse la ropa, pueden delatar su estado emocional.

La mayoría de los gestos cumplen la función de reforzar el mensaje verbal (ilustradores), aunque existen otros cuya función es regular las intervenciones cuando se dirige una discusión de grupo.

Expresiones faciales

Las expresiones de la cara transmiten las emociones y permiten obtener fácilmente una respuesta del alumno.

Una expresión facial agradable, como una sonrisa no forzada, facilita la creación de un ambiente relajado en el aula. Una sonrisa puede ser muy útil también para romper la tensión que inevitablemente surge en algunas sesiones.

Mirada

La mirada, junto con la postura, es uno de los mejores métodos para transmitir confianza (en momentos de nerviosismo se tiende a apartar la vista) y para captar la atención de los alumnos.

Mientras el formador habla debe mantener la mirada sobre los alumnos la mayor parte del tiempo, mirándolos el tiempo suficiente como para que se sientan atendidos pero no incómodos. También se puede utilizar la mirada durante las discusiones de grupo, con una función reguladora de las distintas intervenciones.

Desplazamientos

Realizar desplazamientos en el aula capta la atención del alumnado, además de facilitar el contacto visual. Hay que procurar que no sean repetitivos o bruscos (pasear cerca de los alumnos), y cambiar de un recurso a otro (ir de la pizarra al retroproyector), etc.

Recuerde

Los recursos no verbales que estudia la Kinesia son:

I Posturas.
I Gestos.
I Expresiones faciales.
I Mirada.
I Desplazamientos.

Estos recursos pueden utilizarse tanto para reforzar lo que se expresa mediante la comunicación verbal como para sustituirlo.

Proxémica

El aspecto de la proxémica que más interesa es la proximidad física entre los individuos, ya que los alumnos pueden sentirse violentos si el formador se aproxima excesivamente a ellos o, por el contrario, verle distante si no se acerca.

Se debe prestar atención a este aspecto, tanto durante las intervenciones como al distribuir el espacio del aula que se va a emplear, evitando siempre que los asientos estén demasiado juntos o demasiado separados.

Paralingüística

Para captar la atención del público, los oradores suelen hacer uso de determinados aspectos como el tono de voz o las pausas, que en algunos casos pueden parecer exagerados.

El formador, aunque emplee el método de la lección magistral, no es un orador y, por tanto, no debe prestar especial atención a estos aspectos, excepto cuando le plantean algún problema, debido a la ansiedad, al cansancio o a un mal estado de salud. Practicar en voz alta y realizar grabaciones durante la fase de preparación puede ayudar a vencer estas dificultades.

Volumen

Aunque el aula sea pequeña, se tiene que realizar el esfuerzo de hablar lo suficientemente alto para que todos los alumnos oigan las explicaciones y, a la vez, transmitir confianza. En general, el volumen se ajustará instintivamente cuando se compruebe dónde se sitúa la persona que se encuentra más alejada.

Entonación

El problema más frecuente, especialmente si se está cansado, es la monotonía, que no contribuye a captar la atención ni a motivar a los alumnos.

El interés que el formador muestre por el tema y una correcta preparación le hará destacar los puntos clave y jugar con la entonación de una forma adecuada a lo largo de toda la exposición.

Pronunciación

Los problemas se presentan especialmente cuando se está nervioso o se habla demasiado rápido. Se debe hacer un esfuerzo por articular todas las palabras de manera limpia y clara, abriendo la boca lo suficiente para pronunciar correctamente las sílabas, consonantes y vocales.

Velocidad

Una velocidad correcta puede ayudar a resolver problemas de pronunciación y de entonación. Se debe hablar a una velocidad normal o algo superior, para facilitar el mantenimiento de la atención. No obstante, si se está nervioso, se puede hablar con mayor lentitud para facilitar la respiración y relajarse. También se debe reducir la velocidad cuando se expliquen conceptos técnicos complejos o cuando se espere alguna respuesta por parte de los alumnos.

Recuerde

Los elementos que trata la Paralingüística son:

I El volumen.
I La entonación.
I La pronunciación.
I La velocidad.

Proyección física

Existen determinados factores que, sin que la persona diga ni haga nada, transmiten información y hacen referencia a la imagen física que esta persona proyecta.

Es fundamental que el formador transmita una imagen positiva para los alumnos. Se debe cuidar el aspecto externo y los artefactos que se usen, como los adornos y prendas de vestir. La manera adecuada de vestir depende de la situación y siempre debe estar en consonancia con lo que cada colectivo de alumnos espera del formador.

Ejemplo

Sería negativo vestir pieles para impartir un curso cuyo objetivo fuese desarrollar actitudes positivas hacia la protección del medio ambiente.

En cualquier caso, se debe llevar ropa que resulte cómoda, bien cuidada y no demasiado llamativa. A los adornos y al peinado se aplican las mismas reglas que al vestido.

Importante

Un objetivo fundamental del formador es dirigir la atención de los alumnos hacia el contenido que está desarrollando, nunca hacia su persona.

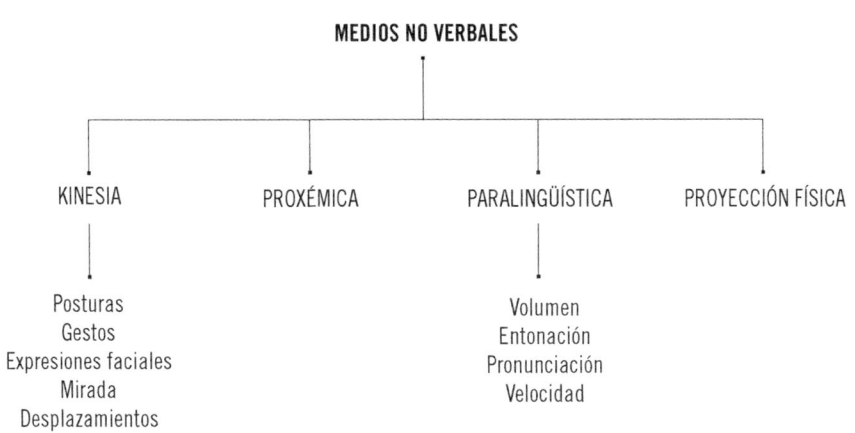

Finalmente, conviene recordar que si el formador observa atentamente la comunicación no verbal que expresan los alumnos, obtendrá una gran cantidad de información.

Hay numerosos signos no verbales que puede mostrar el alumno:

- **Atención:** posturas del cuerpo (inclinado hacia delante, hacia atrás...).
- **Necesidad de hablar:** movimientos sutiles de la boca, de la mano, etc.
- **Irritación:** movimiento de pies, manipulación de objetos sobre la mesa, etc.

- **Concentración:** tomar apuntes, mirar al docente, etc.
- **Cansancio:** cuerpo hundido, suspiros, etc.
- **Inercia:** silencios de todo el grupo, etc.
- **Desinterés:** cerrar el cuaderno, bostezar, mirar al vacío, etc.
- **Sorpresa:** levantar los brazos, abrir la boca, levantar las cejas, abrir los ojos, etc.

Si se observan estos elementos de forma atenta, se podrá obtener información sobre la comprensión del mensaje y el estado emocional de los alumnos, lo que será de gran utilidad para el formador durante el curso.

La comunicación no verbal aporta información al formador sobre los alumnos

5. Técnicas de secuenciación de contenidos

Una vez seleccionados los contenidos, hay que ordenarlos secuencialmente. La **secuenciación y estructuración de los contenidos** es el proceso que permite situarlos en una configuración que produce el máximo aprendizaje en el mínimo tiempo posible.

Algunas de las técnicas para la secuenciación de contenidos son las siguientes:

- Que los contenidos estén de acuerdo con los objetivos propuestos y con los plazos previstos para conseguirlos.

■ Empezar por los contenidos más próximos y significativos para el alumno, para llegar poco a poco a lo desconocido. De esta manera, resultará más fácil introducir los nuevos contenidos.
■ Ir de lo inmediato a lo remoto.
■ Ir de lo concreto a lo abstracto.
■ Ir de lo más fácil a lo más difícil. Esto motiva al alumnado porque le va mostrando los avances de manera rápida.

Las principales ventajas que este proceso conlleva son:

■ Ayuda al participante a pasar de un conocimiento o habilidad a otro.
■ Garantiza que los conocimientos y habilidades previas son alcanzados antes de introducir elementos nuevos.
■ Reduce el tiempo de formación.
■ Evita la confusión y los fallos en el participante.

Estos puntos son los principales aspectos a tener en cuenta cuando se realiza la presente fase de la programación de la formación, es decir, cuando se fijan los contenidos de la formación.

6. La selección y planificación de estrategias didácticas

Las personas que realizan un curso de formación son diversas, por ello es muy importante que las estrategias didácticas se adapten, de la mejor forma posible, al contexto y permitan una flexibilidad.

 Definición

Estrategias didácticas
Son procedimientos que el formador emplea para facilitar el aprendizaje, con la intención de que éste sea significativo.

Tras la selección y estructuración de contenidos, llega el momento de decidir la modalidad de formación a seguir y la metodología a utilizar en su impartición. Pero esta decisión no se puede tomar arbitrariamente, sino que ha de basarse en unos criterios. Los criterios de decisión básicos para determinar qué estrategia y qué método de formación es el adecuado, son:

- La compatibilidad con los objetivos.
- Los principios generales del aprendizaje del adulto: individualización, motivación, utilidad, practicidad, intereses, etc.
- Los principios de rigor, realismo y participación.
- El carácter eminentemente aplicativo de los aprendizajes.
- La posibilidad de transferir los aprendizajes al puesto de trabajo.
- Los recursos disponibles, incluido el tiempo.
- Los factores relacionados con los participantes, como el estilo de aprendizaje, la edad, el tamaño del grupo, la motivación, etc.

Una vez escogido el método, se observa que ninguno es químicamente puro, sino que unos participan de otros. Por lo demás, todo método puede ser adecuado o inadecuado dependiendo del modo en que sea empleado.

Los formadores deben utilizar los métodos flexiblemente, de la forma que mejor se adapten al estilo de formación, a la materia y a los alumnos, complementando cada método con la técnica y recurso didáctico más acorde.

7. La selección y planificación de medios y recursos didácticos

Para realizar cualquier acción formativa, hace falta algo más que elegir y aplicar unos métodos y unas técnicas. Son necesarios los medios y recursos didácticos, que van a ayudar a desarrollar la metodología seleccionada en el aula. Los medios y recursos didácticos permiten el trasvase de información formador-alumno.

 Definición

Medios didácticos
Son materiales elaborados para facilitar los procesos de enseñanza-aprendizaje.

Recursos didácticos
Son soportes mediante los cuales se presentan los contenidos del curso a los alumnos.

A la hora de escoger el medio o recurso a utilizar, se deben tener en cuenta los siguientes criterios:

- **Características de la materia o tema.** Dependiendo de la naturaleza de los contenidos, éstos pueden ser transmitidos por unos u otros métodos.
- **Los objetivos del curso.** Toda selección de medios y estrategias de enseñanza deben realizarse en función de éstos.
- **La disposición del aula y el número de alumnos.** Hay que tener cuidado, sobre todo en la visibilidad de alguno de los recursos, porque pueden perder eficacia.
- **Tiempo disponible para la formación.** Este elemento tiene que estar siempre presente, porque, en función del tiempo que se tenga, se elegirá lo que se adapte mejor a las necesidades.
- **Recursos disponibles,** ya que en algunas ocasiones están a nuestro alcance.
- **El uso que se haga de ellos,** cuál es la finalidad, qué es lo que se pretende y en qué momento se van a utilizar.
- **El nivel de conocimiento de los alumnos** sobre el tema.

Todos estos puntos se han de tener en cuenta a la hora de escoger un medio o recurso didáctico. La finalidad de éstos no es otra que la de fundamentar, apoyar y reforzar el acto formativo.

8. La planificación de la evaluación del proceso de enseñanza-aprendizaje

La aplicación de programas de formación lleva a la obtención de unos determinados resultados. Éstos serán los frutos de la formación y mostrarán el grado de eficacia y eficiencia con que se lleva a cabo la función formativa.

Los resultados indican el éxito de la formación mediante su contraste con los objetivos fijados anteriormente. Este procedimiento recibe el nombre de **evaluación,** proceso ampliamente conocido y con trascendencia reconocida para la formación. Según el proceso de evaluación aplicado, los resultados obtenidos serán reales y fiables, o bien, falseados.

Para que los resultados de la evaluación muestren con certeza el grado de éxito alcanzado con la formación, es necesario un requisito previo: el establecimiento de criterios de evaluación durante el proceso de planificación de la formación. Los criterios actúan como puntos de referencia, a partir de los cuales se valoran los resultados obtenidos.

Los criterios de evaluación han de fijarse con mucha atención, ya que determinan el proceso de evaluación, y éste juzga el grado de éxito de la función formativa.

El primer aspecto a tener en cuenta es la validez: los criterios de evaluación han de ser válidos en relación a los elementos del proceso formativo.

Los aspectos que determinan el grado de validez de los criterios de evaluación son:

- La relevancia.
- La no deficiencia.
- La no contaminación.
- Su fiabilidad.

El establecimiento de criterios válidos y fiables permitirá elaborar un proceso de evaluación de la formación que mida rigurosamente la eficacia y la eficiencia de la función formativa.

9. El seguimiento formativo

El seguimiento es un proceso continuo que sirve para evaluar la eficacia del uso de los recursos y para saber qué iniciativas se pueden emprender para mejorar el aprovechamiento de los recursos formativos.

El seguimiento, además de realizarse después de haber finalizado la planificación formativa, también se realiza antes de la acción.

9.1. Características

El seguimiento formativo permite evaluar los distintos componentes (desde los alumnos hasta todos los elementos que forman la programación) que intervienen en él durante todo el proceso de formación.

El seguimiento formativo se diferencia de la evaluación en que éste tiene que ver más con tareas organizativas, de coordinación, administrativas, etc.; sin embargo, la evaluación valora aspectos de los procesos de formación, como pueden ser la comunicación, el aprendizaje de los nuevos conocimientos, etc.

Con la realización adecuada de un seguimiento formativo:

- Se pueden **descubrir errores o desajustes** en el proceso de enseñanza-aprendizaje antes de que se realice la evaluación final para comprobarlos.
- Se pueden **corregir los errores** en el momento en el que se están produciendo.
- Además, **se detectan los aspectos positivos** que tienen lugar a lo largo de todo el proceso y las **posibles mejoras** que se pueden realizar.

El seguimiento formativo tiene que ser realizado por todas las personas que están implicadas en la realización de los cursos de formación (tutores, coordinadores, técnicos, etc.), por ello, el formador es una figura importante en el proceso de formación, ya que se encuentra implicado en él.

El proceso de formación debe estar planificado, pensado y planteado antes de que empiece la acción de formación, nunca debe llevarse a cabo de manera cerrada, sino que tiene que estar abierto a cualquier cambio que se considere necesario.

9.2. Finalidad

Son varias las finalidades que persigue el seguimiento formativo:

- Ayudar a comprender por qué ocurren algunas cosas y qué se puede hacer para intervenir en ese proceso que se está llevando a cabo.
- Identificar y solucionar los problemas que surgen a lo largo del proceso.
- Contribuir para elaborar planes de formación de manera objetiva, sin desviarse de la finalidad éste.
- Colaborar en la disminución y control del uso de los recursos materiales.
- Determinar el nivel que puede alcanzar el rendimiento y relacionarlo con el rendimiento actual.
- Diagnosticar y detectar problemas para llevar a cabo las acciones correctivas pertinentes.

9.3. Planificación

El seguimiento formativo debe planificarse antes y durante la acción formativa.

El objetivo de este seguimiento es comprobar la eficacia de la acción formativa antes de que ésta llegue a su fin, es decir, es necesario que durante este proceso todos los elementos que van a formar parte del aprendizaje estén planificados.

Los dos momentos que hay que tener en cuenta para planificar el seguimiento formativo son:

- **Antes de la acción formativa:** es necesario conocer las necesidades, el perfil del alumno, qué materiales, instrumentos, recursos, medios didácticos se van a usar.

■ **Durante la acción formativa:** aquí el seguimiento se utiliza para comprobar los posibles errores y mejoras que se pueden llevar a cabo. Ofrece la posibilidad de poder modificar aquellas acciones o medios que dificultan el avance del aprendizaje.

10. Instrumentos para el seguimiento

A lo largo de un ciclo formativo pueden suceder errores y surgir problemas, esto abarca desde la identificación de necesidades hasta la planificación, el diseño, la implantación y la evaluación. Por todo esto, es importante saber cuál es la causa del problema y saber tomar las medidas oportunas para que no se origine nuevamente.

Para detectar el origen del problema, siempre se necesita una información determinada, ésta sólo se puede obtener mediante técnicas que ayuden a obtenerlas, es decir, que permitan recabar y analizar los datos obtenidos.

Para el seguimiento del proceso de enseñanza-aprendizaje, se pueden confeccionar diferentes tipos de instrumentos de evaluación, como pueden ser los cuestionarios y utilizar la observación directa, etc., si el tipo de formación lo permite (presencial o semipresencial). Estos instrumentos variarán según el tipo de datos que se quiera conseguir.

Un ejemplo de plantilla para recoger y analizar la información podría ser esta:

CURSO:		1° Módulo	2° Módulo	3°Módulo
	Suficiente			
Objetivos del módulo	Insuficiente			
	Adecuado			
	Inadecuado			

Continúa en página siguiente >>

<< Viene de página anterior

CURSO:		1° Módulo	2° Módulo	3°Módulo
Contenidos del módulo	Suficiente			
	Insuficiente			
	Adecuado			
	Inadecuado			
Metodología	Suficiente			
	Insuficiente			
	Adecuado			
	Inadecuado			
Actividades y recursos	Suficiente			
	Insuficiente			
	Adecuado			
	Inadecuado			
Recursos materiales	Suficiente			
	Insuficiente			
	Adecuado			
	Inadecuado			
Recursos humanos	Suficiente			
	Insuficiente			
	Adecuado			
	Inadecuado			
Proceso de evaluación	Suficiente			
	Insuficiente			
	Adecuado			
	Inadecuado			
Nivel de satisfacción del alumnado	Suficiente			
	Insuficiente			
	Adecuado			
	Inadecuado			

Para el seguimiento del aprendizaje, como la información que se obtiene es de diferente índole, se recogerá mediante la aplicación de las técnicas seleccionadas y elaboradas para la evaluación de cada uno de los aspectos planteados (observación directa de los trabajos, participación, cuestionarios acerca de la motivación y satisfacción del alumnado, etc.).

Por ejemplo, los contenidos que se podrían incluir en la "parrilla" de análisis son los siguientes:

CURSO		1er Módulo	2º Módulo	3er Módulo
Conceptos (comprende los contenidos conceptuales)	Con facilidad			
	Con normalidad			
	Con dificultad			
Procedimientos (aplica y desarrolla los contenidos procedimentales)	Con facilidad			
	Con normalidad			
	Con dificultad			
Actitudes (manifiesta las actitudes adecuadas a los contenidos)	Con facilidad			
	Con normalidad			
	Con dificultad			
Motivación y participación	Con facilidad			
	Con normalidad			
	Con dificultad			
Satisfacción del alumno	Con facilidad			
	Con normalidad			
	Con dificultad			

Dos de las herramientas básicas son:

- **Los diagramas de flujo:** éstos sirven para desglosar en forma de componentes, para presentar una clara imagen de lo que ocurre.
- **Los checklists:** éstos son especialmente útiles para garantizar que se han realizado todas las acciones necesarias. Es otro método de ayuda orientado a los formadores y participantes para preparar, utilizar y solucionar los problemas del equipamiento.

Otros métodos de seguimiento y control que pueden ayudar en la formación son:

- Las reuniones formales e informales.
- Pasar un informe de las sesiones, cuestionarios de satisfacción o formularios de evaluación del curso.
- Entrevistas de evaluación.

 Recuerde

Algunos de los instrumentos de seguimiento más utilizados son:

I Cuestionario de satisfacción
I Cuestionario de motivación
I Observación directa
I Reuniones formales e informales
I Entrevistas de evaluación

11. Metodología de la evaluación del diseño de formación

Los métodos empleados en la evaluación siempre suelen son los mismos, independientemente de que se evalúen los objetivos, los contenidos, los recursos, etc. A pesar de esto, hay que tener en cuenta que no se deben utilizar todos los métodos que se van a nombrar, sino que todo dependerá de lo que se esté evaluando.

Los métodos más frecuentes son:

- Observación sistemática.
- Observación mediante observadores externos o internos del grupo.
- Análisis de trabajo.
- Entrevistas personales.
- Situaciones de simulaciones.

- Diálogos, debates.
- Cuestionarios específicos.
- Inventarios.
- Grabaciones en vídeo.
- Etc.

11.1. Evaluación de los objetivos

Cuando se diseña el programa formativo, se deben concretar los objetivos que serán objeto de evaluación al finalizar el curso, para comprobar si éstos se han alcanzado o no.

Los objetivos marcan aquellos aspectos claves que debe adquirir el alumno para alcanzar unas competencias determinadas. Éstos determinarán lo que el alumno será capaz de saber y saber hacer al acabar el curso, en unas condiciones dadas y con unos medios determinados.

Si, al finalizar el curso, se observa que los objetivos no se han cumplido en su totalidad, hay que analizar cuál ha sido la causa de este error y corregirlos. Si se han cumplido los objetivos, habrá que determinar los motivos de éxito, para volver a ponerlos en práctica en futuros cursos.

Los objetivos marcados al inicio de la formación sirven para:

- Dirigir la formación, es decir, saber hacia dónde se quiere llegar con ésta.
- Comprobar qué se ha logrado.
- Facilitar la evaluación, ya que se sabe cuáles son los objetivos que hay que evaluar.
- Reorientar la formación en el mismo momento que se está realizando.
- Elegir los métodos más adecuados para la formación.

La evaluación de los objetivos debe medirse atendiendo a:

- **Objetivos generales:** son utilizados para saber cuáles son las competencias generales.
- **Objetivos específicos:** parten de los objetivos generales.

■ **Objetivos operativos:** son derivados de los específicos. Son objetivos más concretos y siempre deben estar relacionados con actividades u operaciones determinadas. Son los más fáciles de medir.

 Ejemplo

Objetivos específicos para evaluar un curso de primeros auxilios:

I Aprender los conceptos básicos y generales de los primeros auxilios.
I Adquirir las habilidades y aplicar los principios de actuación para poder reaccionar adecuadamente en situaciones de urgencia.
I Conocer los aspectos jurídicos relacionados.

11.2. Evaluación de los contenidos

La evaluación de los contenidos se realizará para comprobar si los objetivos que se habían marcado al principio de la formación se han logrado, así como para eliminar aquellos contenidos que no aportan nada al curso.

Se debe tener siempre en cuenta que se puede lograr un mismo objetivo de formación utilizando diversos contenidos.

Para evaluar los contenidos, hay que comprobar si se ha seguido una secuencia lógica a la hora de impartirlos. Esta secuencia permite que los contenidos sean adquiridos por los alumnos de una manera más significativa, es decir, facilita el aprendizaje de los mismos.

Para que la evaluación de los contenidos resulte positiva, éstos deben ir expuestos:

■ De acuerdo con los objetivos propuestos y con los plazos previstos para conseguirlos.
■ De lo conocido a lo desconocido.

- De lo inmediato a lo remoto.
- De lo concreto a lo abstracto.
- De lo fácil a lo difícil.

Otro aspecto a tener en cuenta para que la evaluación de los contenidos sea positiva, es que éstos se deben estructurar adecuadamente, por ejemplo, mediante módulos, unidades didácticas, etc. Éstas tienen que abarcar los conocimientos, las habilidades y las actitudes que capacitan al alumno para poner en práctica las funciones que desempeñará en su puesto de trabajo. Por lo general, se pueden constituir equivalencias entre objetivos generales y cursos, objetivos específicos y módulos, unidades didácticas, etc. así como entre objetivos operativos y sesión formativa,.

 Ejemplo

Siguiendo el ejemplo anterior de primeros auxilios, los contenidos que se evaluarán para comprobar si se han logrado o no los objetivos anteriormente propuestos, son:

- Primeros auxilios: conceptos generales.
- Soporte vital básico (reanimación cardio-pulmonar)-adultos.
- Soporte vital básico-niños.
- Soporte vital instrumental.
- Traumatismos osteoarticulares. Inmovilizaciones (vendajes y férulas improvisadas).
- Movilización de urgencia y posiciones de espera.
- Traumatismos craneales y vertebro-medulares.
- Otras situaciones de emergencia.

11.3. Evaluación de la metodología

La evaluación de la metodología consiste en comprobar que los métodos que se han utilizado son los adecuados para lograr los objetivos formativos, aunque éstos deben ser flexibles a la hora de utilizarlos, ya que deben adaptarse a la materia tratada, a los alumnos, a los recursos disponibles, etc.

Para conseguir que la evaluación de la metodología sea positiva, se deben tener en cuenta las características que se emplean para definir un método. Éstas pueden ser:

- Presentar y mostrar la problemática del tema para que, a través de la reflexión y el esfuerzo, el alumno pueda resolverla.
- Respetar tanto la libertad de expresión como de creación.
- Las actividades que están destinadas al alumno tienen que ser dirigidas por el formador para que el alumno reflexione y participe.
- Motivar al alumno, relacionando los temas con sus intereses, motivaciones y necesidades.
- Organizar los nuevos aprendizajes para que se integren con los ya adquiridos.
- Tener en cuenta las limitaciones y las posibilidades que tiene cada alumno.
- Dar lugar a la acción individualizada a través de tareas que requieran planteamientos y acciones individualizadas.

11.4. Evaluación de actividades y recursos

Las **actividades** son unos elementos que acompañan a los contenidos formativos, ya que éstas refuerzan los contenidos que son expuestos por el formador. Siempre debe existir coordinación entre ambos, para esto se deben seleccionar adecuadamente tanto los métodos como las técnicas.

Para evaluar las diversas actividades que se han desarrollado, hay que formular una serie de preguntas para saber si las actividades han sido eficaces o han fallado en su ejecución. Algunas de estas preguntas pueden ser:

- ¿Qué ha hecho el alumno?
- ¿Ha sabido aplicar los conocimientos necesarios para lograr resolver las actividades?
- ¿Valora y comprende la finalidad de la actividad?
- ¿Ha mostrado interés en la realización de la misma?
- ¿Qué ha aprendido?
- ¿Han sido válidas las actividades?

- ¿Cuáles han fallado? ¿Por qué?
- ¿Se han alcanzado los objetivos?
- Etc.

Junto con las actividades, los recursos también tienen que ser evaluados, ya que de ellos va a depender en cierta manera la eficacia de las actividades. Por eso, en la evaluación de los recursos hay que tener en cuenta la eficacia de aquellos que se han utilizado y cuáles son los que se hubieran necesitado para desarrollar el curso.

Se pueden distinguir varios criterios para evaluar la eficacia de los recursos:

- Su calidad, porque actúa como mediador entre la realidad y la estructura cognitiva del alumno.
- El contexto metodológico, ya que todo va a depender de la metodología usada por el formador.
- Los propios alumnos, sus motivaciones, intereses, etc.
- La experiencia del formador en el manejo de los diversos recursos, sus habilidades, etc.

También es necesario tener en cuenta qué evaluar de los recursos:

- La rentabilidad de éstos.
- El aprovechamiento para distintas finalidades.
- El mantenimiento.
- La actualización, deben adaptarse a las nuevas tecnologías.
- La adecuación al proceso de enseñanza-aprendizaje.
- Posibilitar la acción, estimular y responder a las curiosidades presentes en el alumnado.

11.5. Evaluación del formador

La figura del formador es muy importante a lo largo de todo el proceso formativo, ya que, en cierta manera, el éxito o el fracaso de la formación recae sobre él, por lo tanto, es imprescindible conocer previamente a la persona que va a impartir un curso.

El formador es el mediador entre los contenidos y los alumnos, por lo que debe evaluarse de forma continua y a lo largo de todo el proceso de enseñanza-aprendizaje, así como al final del proceso, momento en que se comprobará si los métodos y estrategias que ha diseñado y utilizado han sido los adecuados, introduciendo posibles modificaciones para las prácticas futuras.

La evaluación del formador se puede realizar desde varias vertientes, en cada una de ellas se evalúan aspectos diferentes, pero todas persiguen el mismo fin, que es fomentar la calidad de la formación.

Evaluación realizada por los alumnos

Los alumnos pueden evaluar aspectos como la relación del formador con los alumnos, la organización de las sesiones, el control de clase, la efectividad de la enseñanza, etc.

En la siguiente tabla se muestra un cuestionario a modo de ejemplo:

Marque la opción que más se adecúe a las características que prevalecieron a lo largo del curso

---

1. Las oportunidades que tuve para realizar preguntas en clase fueron:
    a. Frecuentes
    b. Regulares
    c. Escasas
    d. Muy escasas

---

2. El interés que mostró el formador respecto a los alumnos fue:
    a. Satisfactorio
    b. Regular
    c. Poco
    d. Muy pobre

---

3. El clima existente en el aula fue:
    a. Bueno
    b. Regular
    c. Tenso
    d. Malo

Continúa en página siguiente >>

<< Viene de página anterior

**Marque la opción que más se adecúe a las características
que prevalecieron a lo largo del curso**

4. En la prueba final se evaluaban los contenidos dados a lo largo del curso:
   a. Sí
   b. No

5. El material presentado en el curso fue:
   a. Original
   b. Poco original
   c. Nada original

6. Las actividades que realicé para asimilar los contenidos fueron:
   a. Útiles
   b. Regulares
   c. Pobres
   d. Inútiles

7. El contenido marcado para el curso se expuso en su totalidad:
   a. Sí
   b. No

8. El grupo de alumnos afectó a mi aprendizaje:
   a. De manera positiva
   b. De manera negativa
   c. No me afectó

9. El material audiovisual me pareció:
   a. Atractivo
   b. Regular
   c. Inadecuado

10. Los procesos, problemas y soluciones experimentados en el trabajo en grupo fueron:
    a. Bien planteados
    b. Regular planteados
    c. Mal planteados

11. Las exposiciones por parte del docente me parecieron:
    a. Buenas
    b. Regulares
    c. Malas

Continúa en página siguiente >>

<< Viene de página anterior

Marque la opción que más se adecúe a las características que prevalecieron a lo largo del curso

---

12. La actuación del profesor durante el curso evidenció:
    a. Un elevado conocimiento de la materia
    b. Un mediano conocimiento
    c. Un escaso conocimiento

---

13. El profesor supo controlar las conductas perturbadoras sucedidas a lo largo del curso de forma:
    a. Eficaz
    b. Regular
    c. Ineficaz

---

14. El ritmo que siguió el profesor al exponer los contenidos me pareció:
    a. Muy bueno
    b. Satisfactorio
    c. Monótono

---

15. La secuencia de presentación de los contenidos del curso fue:
    a. Lógica
    b. Regular
    c. Arbitraria

---

16. La actuación del profesor despertó interés y motivación:
    a. Muchas veces
    b. Algunas veces
    c. Pocas veces
    d. Ninguna vez

Evaluación realizada por el propio formador

En esta evaluación, el formador va a evaluar la preparación del curso, el desarrollo del mismo, y también realizará una evaluación propia de su actuación como formador.

En la siguiente tabla se muestra un cuestionario a modo de ejemplo:

Marque la opción que más se adecúe a las características que prevalecieron a lo largo del curso

A. PREPARACIÓN DEL CURSO

1. ¿Cómo ha sido el tiempo con el que ha contado?
    a. Suficiente
    b. Insuficiente

¿Por qué? _____

2. ¿Cómo considera la distribución de las sesiones del curso?
    a. Adecuadas
    b. Inadecuadas

¿Por qué? _____

3. ¿Ha dispuesto de las guías didácticas del curso?
    a. Sí
    b. No

¿Por qué? _____

4. ¿Ha dispuesto de los recursos necesarios para la preparación de sus sesiones?
    a. Sí
    b. No

¿Cuáles le han hecho falta? _____

5. Teniendo en cuenta su nivel de formación, ¿ha necesitado apoyo por parte de la dirección del curso?
    a. Sí
    b. No

¿Cómo ha sido el apoyo? _____

B. DESARROLLO DEL CURSO

6. ¿El desarrollo de las sesiones (distribución y tiempo) se ha correspondido con la planificación prevista?
    a. Sí
    b. No

7. ¿La metodología utilizada para el desarrollo de las sesiones ha propiciado la participación e implicación del alumnado?
    a. Sí
    b. No

¿Por qué? _____

Continúa en página siguiente >>

<< Viene de página anterior

Marque la opción que más se adecúe a las características que prevalecieron a lo largo de curso

---

8. ¿Considera que el clima del curso ha sido el adecuado?
    a. Sí
    b. No

¿Por qué? _____

9. ¿El contexto donde se ha desarrollado el curso ha sido adecuado y oportuno?
    a. Sí
    b. No

¿Por qué? _____

10. ¿Ha conseguido los objetivos propuestos?
    a. Sí
    b. No

¿Por qué? _____

C. AUTOEVALUACIÓN

---

11. Evalúe de 1 a 4 los siguientes apartados relacionados con su intervención como formador, donde:
    1. Considero imprescindible mejorar mi formación en este aspecto.
    2. Considero necesario mejorar mi formación en este aspecto.
    3. Cuento con recursos necesarios para el desarrollo ajustado del curso, pero podría encontrar dificultades si éste cambia el rumbo prefijado.
    4. Mi formación al respecto es adecuada y dispongo de recursos suficientes para el desarrollo óptimo del curso.

	1	2	3	4
Dominio de los contenidos				
Metodología/didáctica empleada				
Comunicación con el alumnado				
Trabajo en equipo				

D. AMPLIACIÓN

Puede anotar a continuación cualquier aportación que desee realizar y no haya sido considerada en este cuestionario.

_____

_____

11.6. Tipos de evaluación

Existen diferentes tipos de evaluación, cada una se aplicará atendiendo a diferentes criterios.

Según su finalidad o función de la evaluación

Diagnóstica

Esta evaluación, como su nombre indica, tiene un carácter diagnóstico, ya que permite que se conozcan las potencialidades del alumno. De esta manera, la actividad didáctica se dirige de forma más efectiva.

Formativa

Se utiliza como estrategia para mejorar y ajustar los procesos formativos en el momento que se están llevando a cabo, para alcanzar las metas y los objetivos marcados. La evaluación formativa es aplicable a la evaluación de procesos.

Sumativa

Se aplica a la evaluación de productos terminados, es decir, se sitúa concretamente cuando finaliza un proceso, cuando éste se considera acabado. Su propósito es determinar el grado en que se han conseguido los objetivos establecidos, para evaluar de forma positiva o negativa el resultado. Esta evaluación permite tomar medidas tanto a medio como a largo plazo.

Según el momento de aplicación de la evaluación

Inicial

Se produce al principio del proceso de enseñanza-aprendizaje. La función que tiene la evaluación inicial es identificar el nivel de conocimientos que tienen los alumnos que inician un curso y, de esta manera, comprobar si los alumnos cuentan con los conocimientos necesarios para comenzarlo, y determinar si es posible impartirlo de acuerdo al programa formativo o si se requiere alguna modificación.

Procesual

La evaluación procesual se basa en valorar, de forma continua, el aprendizaje de los alumnos y la enseñanza del profesor, a través de la recogida sistemática de datos, toma de decisiones, etc.

La evaluación procesual es totalmente formativa, ya que, al favorecer la recogida continua de datos, permite tomar decisiones en el mismo momento que se considere necesario.

Los resultados que se obtienen forman la base permanente para el formador a la hora de programar las actividades diarias, así como para establecer las actividades y los procedimientos más apropiados. De esta manera, se evitan las dificultades que se puedan producir en los aprendizajes que se están llevando a cabo. La finalidad de todo esto es evitar errores y vacíos en los aprendizajes posteriores.

Final

La evaluación final es aquella que se realiza al finalizar la formación, por lo tanto ésta recoge y valora los resultados obtenidos a lo largo de un periodo formativo.

Según su extensión

Global

Tiene en cuenta todos los elementos y procesos que guardan relación con todo lo que es objeto de evaluación. Por ejemplo, si se trata de evaluar el proceso de aprendizaje de los alumnos, esta evaluación se centra en todas las áreas en general, pero sobre todo en los diversos tipos de contenidos de enseñanza (conceptos, procedimientos, valores, normas, etc.).

Parcial

Esta evaluación no se realiza de manera global, sino que se lleva a cabo por partes, es decir, evalúa los componentes que más interesan.

Según los agentes que realizan la evaluación

Autoevaluación o evaluación interna

Es el proceso sistemático mediante el cual una persona o grupo examina y valora sus procedimientos, comportamientos y resultados, para identificar qué quiere corregir o modificar en él. La evaluación interna muestra que los alumnos están más motivados a la hora de realizar una tarea difícil. La puesta en práctica de la autoevaluación no conlleva que el profesorado abandone sus funciones, sino que implica una concepción diferente de la enseñanza.

La autoevaluación ofrece al estudiante ayuda para descubrir sus necesidades, cantidad y calidad de su aprendizaje, causas de sus problemas, dificultades y éxitos en el estudio. De esta manera, el alumno puede conocerse de manera más concreta.

Heteroevaluación o evaluación externa

La evaluación externa es realizada o llevada a cabo por otra persona que no es el protagonista del aprendizaje. En esta evaluación, lo más frecuente es que el profesor evalúe al alumno.

TIPOS DE EVALUACIÓN	
Según su finalidad o función	- Diagnóstica - Formativa - Sumativa

Continúa en página siguiente >>

<< Viene de página anterior

TIPOS DE EVALUACIÓN	
Según su momento de aplicación	- Inicial - Procesual - Final
Según su extensión	- Global - Parcial
Según los agentes que la realizan	- Autoevaluación o evaluación interna - Heteroevaluación o evaluación externa

Solucionarios de ejercicios de repaso y autoevaluación

Contenido

Solucionario 1
Montaje y reparación de los sistemas mecánicos

Solucionario Capítulo 1

1. Algunos pasos fundamentales en la realización de un croquis son:

    a. Preparar el compás para trazar los arcos, realizar una visión general y acotar correctamente.
    b. Anotar el estado de las superficies, encuadrar las dimensiones mayores y ordenar las vistas.
    c. Preparar el instrumental necesario, borrar las líneas auxiliares sobrantes y no repetir medidas.
    d. Realizar el alzado en líneas gruesas, indicar el sistema de proyección, acotar con medidas a escala.

2. ¿Cuáles son los sistemas de representación de las vistas de una pieza en dibujo industrial?

    a. Europeo y americano (1er diedro).
    b. Americano y europeo (1er diedro).
    c. Europeo (3er diedro) y americano.
    d. Americano (1er diedro) y europeo (3er diedro).

3. Indique cuál de las siguientes afirmaciones no es un principio general de acotación:

    a. Las líneas de cota dimensional no pueden ser cortadas por auxiliares.
    b. Se ha de definir cada elemento una sola vez.
    c. Las cifras de cota en radios se inscribirán con línea horizontal.
    d. El operario no debe medir sobre el plano, deben existir cotas parciales.

4. ¿Cuáles son los principios básicos de la normalización?

    a. Simplificar, unificar y especificar.
    b. Especificar, designar y unificar.
    c. Especificar, simplificar y normalizar.
    d. Unificar, especificar y acotar.

5. Relacina según corresponda las siglas de organismos de normalización en la industria con la zona o estado al que pertenecen.

    a. UNI
    b. AENOR
    c. DIN
    d. ISO
    e. CEN
    f. NF

    d. INTERNACIONAL
    f. FRANCIA
    c. ALEMANIA
    b. ESPAÑA
    a. ITALIA
    e. EUROPEA

6. ¿Cuáles son tratamientos térmicos que se realizan a las piezas mecánicas?

    a. Templado, revenido y estañado en frío.
    b. Normalizado, laminado en caliente y templado.
    c. Bonificado, normalizado y revenido.
    d. Cianuración, templado y recocido.

7. **Complete:**

El calibre, también llamado 'pie de rey' consta de un **nonio** con el que se pueden obtener mediciones **decimales** Se pueden realizar en las piezas mediciones exteriores, interiores y **profundidades,** gracias a las **uñas** y patilla **móvil** que tiene.

8. **Seleccione si las siguientes afirmaciones son verdaderas o falsas:**

a. La diferencia entre sección y corte es que en la sección se representa solo la parte seccionada y en el corte se representan además las líneas que quedan detrás.

    ☑ **Verdadero**
    ☐ Falso

b. El número, que es la marca de una pieza de un conjunto mecánico, indica el orden de desmontaje que se ha de seguir.

    ☐ Verdadero
    ☑ **Falso**

c. El acero es una fundición de hierro y carbono con pequeños tantos por ciento de magnesio, silicio, azufre y fósforo.

    ☐ Verdadero
    ☑ **Falso**

d. Los materiales poliméricos son macromoléculas que están formadas por carbono, hidrógeno, silicio y nitrógeno, unidos por enlaces covalentes.

    ☑ **Verdadero**
    ☐ Falso

e. El reloj comparador es un instrumento de medición directa que transforma el movimiento lineal del palpador en circular de la aguja marcadora.

    ☐ Verdadero
    ☑ **Falso**

f. El manómetro consta de un reloj y se utiliza para medir presiones absolutas en recipientes, por comparación con la atmosférica.

    ☑ **Verdadero**
    ☐ Falso

9. Relaciona según corresponda los instrumentos de medición que se utilizan en la industria con las magnitudes que se pueden medir con los instrumentos.

    a. Amperímetro
    b. Manómetro
    c. Péndulo de Charpy
    d. Dinamómetro
    e. Tacómetro
    f. Vatímetro

    e. Velocidad angular
    c. Tenacidad mecánica
    d. Potencia mecánica
    f. Potencia eléctrica
    b. Presión absoluta
    a. Intensidad eléctrica

10. Realice una descripción de los instrumentos de metrología estudiados, indicando el tipo de medida que realizan y un croquis de cada uno de ellos.

    a. Instrumentos de MEDIDA DIRECTA:

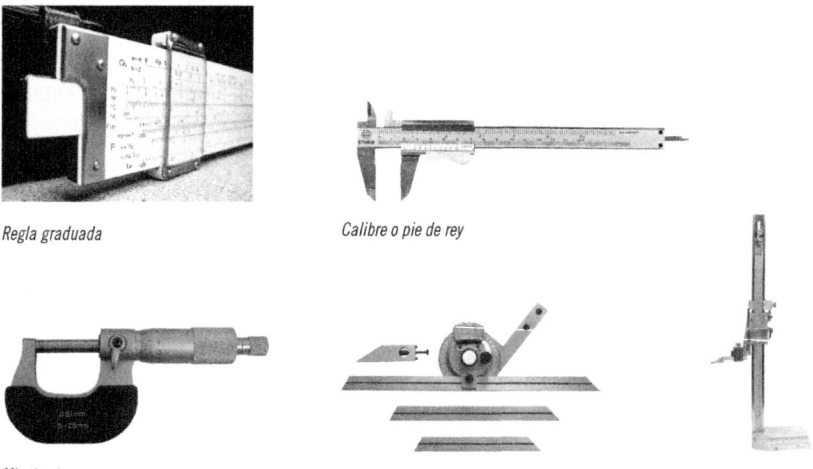

Regla graduada

Calibre o pie de rey

Micrómetro

Goniómetro

Gramil

b. Instrumentos de MEDIDA INDIRECTA:

Reloj comparador

Calibre fijo pasa-no pasa

Galga

Falsa escuadra

Solucionario Capítulo 2

1. El mecanismo reductor se emplea para bajar las revoluciones de un motor y utiliza una transmisión de engranajes de tipo...

    a. ... cónico-cónico.
    b. ... sinfín-recto.
    c. ... recto-recto.
    d. Las respuestas b y c son correctas.

2. Relaciona según corresponda los mecanismos de transmisión de movimiento con el tipo de movimiento que se transforma.

    a. Rectilíneo alternativo à Circular continuo
    b. Rectilíneo continuo à Rectilíneo continuo
    c. Circular continuo à Rectilíneo continuo
    d. Circular continuoà Circular continuo
    e. Circular continuo à Rectilíneo alternativo

    b. Polea y cuerda
    e. Leva
    d. Engranaje
    c. Torno
    b. Palanca
    d. Rueda de fricción
    c. Tornillo
    d. Polea y correa
    c. Cremallera
    a. Pistón-Biela-Cigüeñal

3. El eje del motor transmite su movimiento a las ruedas de un vehículo cuando...

    a. ... se embraga la transmisión mediante la caja de cambios.
    b. ... se pisa el acelerador y la mezcla de aire-combustible se enriquece.
    c. ... el diferencial con los planetarios giran por el engranaje trasero.
    d. ... se desembraga el eje transmisor pisando el pedal izquierdo.

4. El accionamiento del freno hidráulico está compuesto por:

   a. Palanca, cilindro hidráulico y trinquete.
   b. Válvula neumática, palanca y zapatas.
   c. Muelle de recuperación, bombín y plato fijo.
   d. Palanca, tubo hidráulico y plato móvil.

5. El engranaje helicoidal hipoide está compuesto por:

   a. Corona y piñón en ejes que se cortan.
   b. Corona y piñón en ejes paralelos.
   c. Corona y piñón en ejes perpendiculares.
   d. Corona y piñón en ejes que se cruzan.

6. Complete:

El conjunto poleas **correa** realiza la transmisión, desde un árbol conductor a otro árbol **conducido,** y se produce la **transformación** de velocidad lineal en velocidad **angular,** teniendo en cuenta el **radio** de cada polea.

7. Seleccione si la siguiente afirmación es verdadera o falsa:

   a. La caja de cambios permite el aumento de la velocidad en una transmisión en detrimento de la potencia mecánica.

      ☑ **Verdadero**
      ☐ Falso

   b. El sistema diferencial permite que la trayectoria interior en una curva se permita trazar a más velocidad que la contraria.

      ☐ Verdadero
      ☑ **Falso**

   c. En los acoplamientos, el eje que gira con los mecanismos que tiene permite algunas desviaciones en la unión.

      ☐ Verdadero
      ☑ **Falso**

d. La chaveta es un elemento de unión entre árboles y se monta teniendo en cuenta la inclinación que posee.

    ☐ Verdadero
    ☑ **Falso**

e. Los rodamientos son anillos concéntricos que se montan en árboles de transmisión y que permiten el movimiento circular libre de los elementos a los que están anclados.

    ☑ **Verdadero**
    ☐ Falso

f. Las ballestas son elementos lineales de pletina de acero u otros materiales encargados de absorber las irregularidades del terreno.

    ☑ **Verdadero**
    ☐ Falso

g. En las uniones de árboles y en el sellado de las roscas se utilizan juntas de estanqueidad para mejorar el funcionamiento.

    ☑ **Verdadero**
    ☐ Falso

8. **¿Cuáles son los tres tipos de levas que se utilizan en mecánica?**

    a. **De disco, de tambor y frontal.**
    b. De tambor, frontal y tangencial.
    c. Longitudinal, de disco, transversal.
    d. De tambor, de disco y lineal.

9. **Enumere los elementos de unión mecánica que más se emplean. Realice además un pequeño dibujo de cada uno de ellos.**

■ Elementos de unión desmontable:

   ■ Tornillo.
   ■ Tuerca.
   ■ Espárrago.
   ■ Varilla roscada.

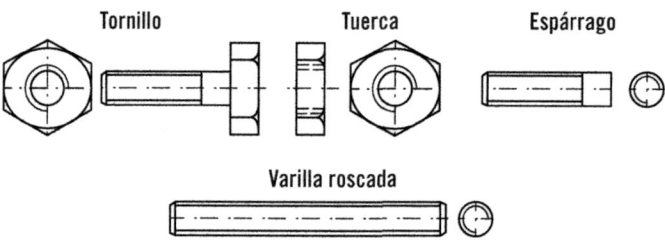

Tornillo   Tuerca   Espárrago

Varilla roscada

■ Dispositivos de seguridad:

   ■ Arandela.
   ■ Pasador.
   ■ Chaveta, lengüeta.
   ■ Ejes y cubos entallados o nervados.

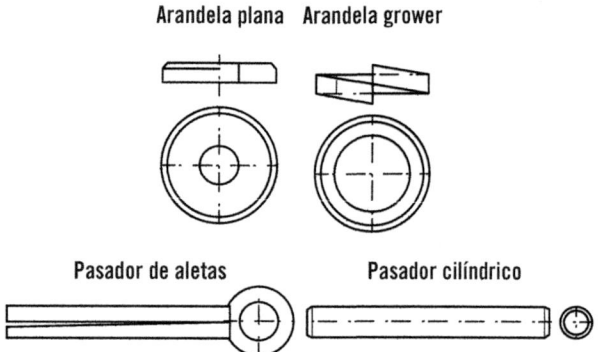

Arandela plana   Arandela grower

Pasador de aletas   Pasador cilíndrico

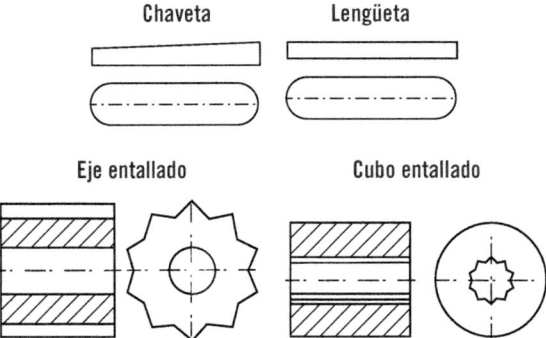

■ Elementos de unión fija:

   ■ Roblón.
   ■ Remache.
   ■ Adhesivo.

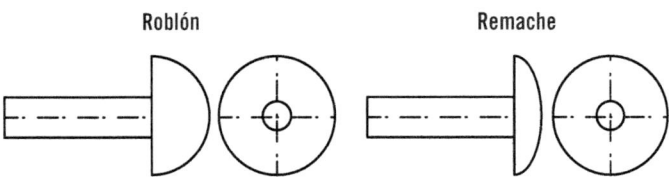

10. ¿Cuál es la normativa a aplicar en la prevención de riesgos laborales?

   a. La Ley 13/1995 de 8 de noviembre.
   b. La Ley 31/1995 de 8 de octubre.
   c. La Ley 31/1995 de 8 de noviembre.
   d. La Ley 13/1996 de 8 de octubre.

Solucionario Capítulo 3

1. El tipo de rosca ISO es la que se intenta utilizar en la unificación de los tipos de roscas y se caracteriza porque...

    a. ... tiene la cresta y el fondo achaflanado con 60° de ángulo de flanco.
    b. ... el ángulo de flanco es de 55° y no tiene juego de fondo.
    c. ... la cresta y los fondos no tienen juego de fondo, siendo redondeados.
    d. ... posee juego de fondo y el ángulo de flanco es de 60°.

2. Dentro de los dispositivos de unión mecánica desmontable se encuentran...

    a. ... el atornillado, el pasador elástico y el roblonado en frío.
    b. ... la lengüeta-chavetero, la guía y la tuerca de seguridad con arandela de nylon.
    c. ... la soldadura por puntos, la soldadura oxigás y los adhesivos.
    d. ... los ejes y agujeros nervados, la arandela Grower y la unión forzada.

3. El revestimiento del electrodo en la soldadura eléctrica por arco sirve para...

    a. ... realizar con más facilidad la linealidad de la soldadura.
    b. ... evitar que las piezas de acero que se están uniendo se oxiden.
    c. ... facilitar el salto de los electrones y poder realizar la aportación de material.
    d. ... que sea más fácil separar las piezas si las soldaduras están mal realizadas.

4. **Relaciona según corresponda las herramientas utilizadas en los montajes electro-mecánicos con las operaciones que se realizan con ellas.**

      a. Pozidriv
      b. Llave dinamométrica
      c. Buril
      d. Cortafríos
      e. Destorgolpe
      f. Llave inglesa

      e. Aflojar tornillos de cabeza cilíndrica
      c. Calados en las piezas
      d. Cortar alambres
      a. Enroscar tornillos
      b. Comprobar aprietes
      f. Realizar aprietes en tuercas

5. **¿Cuáles son tres de las partes fundamentales de las grúas?**

      a. Pluma, mecanismos y cable.
      b. Apoyo, mecanismo-motor y anclaje.
      c. Contrapeso, pluma y motor.
      d. Anclaje, mecanismos y cimentación.

6. **Complete:**

Los trabajos de montaje que se realicen a una **altura** mayor de 2 metros deberán protegerse con **barandillas** de 1 metro de altura mínima, con **rodapié** y con redes de seguridad paracaídas, según el Real Decreto **2291/1985**, de 8 de noviembre, por el que se aprueba el Reglamento de aparatos de **elevación** y manutención.

7. **Seleccione si las siguientes afirmaciones son verdaderas o falsas:**

      a. Los pernos de anclaje se introducen mientras está fraguando el hormigón, consiguiendo así una espera para la unión con la máquina a instalar.

          ☐ Verdadero
          ☑ **Falso**

b. La rosca de tubo es un tipo particular de las roscas Métrica-DIN, de paso fino.

    ☐ Verdadero
    ☑ **Falso**

c. Cuando se han de dibujar los dos elementos unidos (tornillo y tuerca), no prevalecen los trazos del tornillo en algunos casos muy particulares.

    ☐ Verdadero
    ☑ **Falso**

d. La capacidad mecánica, en la unión por roblones, está disminuida debido a que se reduce la sección del elemento que se pretende unir.

    ☑ **Verdadero**
    ☐ Falso

e. Las herramientas están concebidas con un propósito concreto, y se deben utilizar solo para la aplicación que se ha pensado.

    ☑ **Verdadero**
    ☐ Falso

f. En la preparación de las superficies se pueden realizar limpiezas de tipo abrasivo, manual y químico.

    ☑ **Verdadero**
    ☐ Falso

8. **Enumere los principales utillajes que se pueden tener en los talleres de montajes mecánicos.**

    ▪ Extractores:

        ▪ Extractor de uso general.
        ▪ Extractor de rótulas.
        ▪ Extractor de espiral.

    ▪ Gato elevador y gato de carretilla.
    ▪ Caballete graduable.
    ▪ Camilla.

- Grúa hidráulica.
- Traviesa sujeta motores.
- Manómetro para neumáticos.
- Lavadora de piezas.
- Elevadores:

    - Elevador de columnas.
    - Elevador de plataforma.

- Plataforma de trabajo.

9. ¿Cuál de las siguientes afirmaciones es falsa?

a. Existirán cercos de protección en las zonas de elevación de cargas para evitar los accidentes por caídas de objetos en los operarios, que no podrán estar trabajando en su puesto de trabajo.

b. La señalización de seguridad se observará claramente en las zonas donde se realicen trabajos de montaje o desmontaje.

c. Las escaleras móviles dispondrán de protecciones adecuadas para evitar la abertura total, el desplazamiento de sus ruedas o de sus apoyos, y estarán ancladas a la parte superior cuando las alturas sean mayores de 5 metros.

d. Las condiciones ambientales serán las adecuadas en cuanto a iluminación, ventilación y ruido.

10. Realice unos croquis con los tipos de amarre adecuados para elevar plataformas, elementos cilíndricos y tuberías de gran longitud.

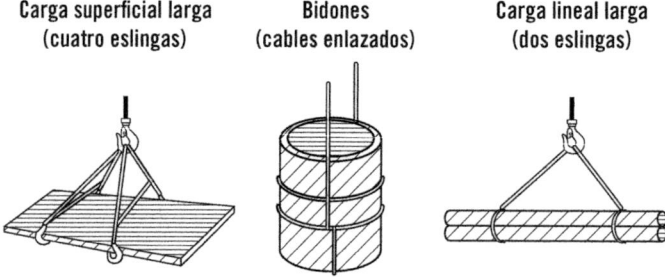

| Carga superficial larga (cuatro eslingas) | Bidones (cables enlazados) | Carga lineal larga (dos eslingas) |

Solucionario Capítulo 4

1. La mantenibilidad de un equipo, máquina o instalación es:

   a. **La probabilidad de que un equipo sea reparado y puesto de nuevo en funcionamiento en condiciones óptimas.**
   b. La probabilidad de que un equipo sufra una falla en un tiempo determinado.
   c. La posibilidad de que un equipo funcione en condiciones, sin realizarle un mantenimiento.
   d. La certeza de que se deberán realizar operaciones de reparación después de que se produzca el fallo.

2. Entre las circunstancias que dificultan el adecuado desarrollo del mantenimiento en la empresa se encuentran...

   a. **... la falta de concienciación empresarial e imposibilidad de paradas técnicas.**
   b. ... los defectos de diseño en la máquina y falta de colaboración entre los empleados.
   c. ... la falta de interés de los empleados de mantenimiento y pocas horas para realizar los trabajos.
   d. ... la necesidad elevada de mantenimiento en las máquinas y falta de poder económico en la empresa.

3. ¿Cuáles son los objetivos del mantenimiento preventivo?

   a. **Aumentar la vida útil del equipo y programar paradas preventivas.**
   b. Evitar las paradas repentinas y mejorar el ritmo de producción.
   c. Disminuir la disponibilidad del equipo y controlar las piezas de recambio.
   d. Mejorar la higiene y seguridad del personal, reduciendo la certeza de fallos.

4. Complete:

   En el mantenimiento **preventivo** la fecha de intervención está perfectamente determinada según el plan de **actuación,** y en el **mantenimiento** predictivo se detecta la **posibilidad** de fallo cuando actúa la **alarma.**

5. Entre los documentos básicos de mantenimiento se encuentran...

   a. **... las órdenes de trabajo, el manual de mantenimiento y el histórico de averías.**
   b. ... la lista de piezas, el inventario de la máquina y la lista de actividades a realizar.
   c. ... el índice de herramientas a utilizar, la lista de lubricantes y el manual de arreglos.
   d. ... la lista de piezas de recambio, el diario de la máquina y la orden de actuación.

6. Relaciona según corresponda las funciones primarias y secundarias a realizar durante los mantenimientos con a lo que afectan esas funciones.

   a. Mantenimiento de los activos
   b. Coste de mantenimiento
   c. Gestión y administración
   d. Vigilancia
   e. Evacuación
   f. Nivel técnico

   b. Mano de obra, herramientas y recambios
   f. Formación continua
   a. Equipo, máquinas e instalaciones
   e. Desechos y desperdicios
   d. Accesos y almacenes
   c. Plazos, preparación de trabajo y programación

7. Seleccione si las siguientes afirmaciones son verdaderas o falsas :

   a. El mantenimiento es una actividad programada de la empresa que asegura la máxima disponibilidad de los activos que intervienen en la producción.

      ☑ **Verdadero**
      ☐ Falso

b. El riesgo de fallo se eleva mucho en poco tiempo una vez que la vida útil está a punto de agotarse.

☑ **Verdadero**
☐ Falso

c. En el Mantenimiento Proactivo Total (TPT) el estudio de tiempos en la fabricación y fechas de entrega hace que se utilice lo que se necesita en el momento.

☐ Verdadero
☑ **Falso**

d. El histórico de averías expresa el código y frecuencia de intervenciones repetitivas de mantenimiento preventivo.

☐ Verdadero
☑ **Falso**

e. Residuos sólidos urbanos (RSU) pueden ser cartuchos de tinta, tóner de impresoras, pilas y baterías ya consumidas.

☐ Verdadero
☑ **Falso**

f. El 'Punto Verde' sirve para informar a los consumidores y es el símbolo que identifica los envases que están dentro del Sistema SIG.

☑ **Verdadero**
☐ Falso

8. **Realice una lista con los puntos más importantes que debe tener un plan de operaciones para realizar un mantenimiento y los puntos a documentar.**

El Plan de operaciones decidirá las características en cuanto al volumen de personal e inversión que se realiza.

1. Deberá contar con los siguientes puntos:

   ▪ Volumen de personal que se dedicará a cada departamento.
   ▪ Elección del tipo de mantenimiento que se pondrá en práctica.

I Localización geográfica y temporal, dentro de la empresa, donde se realizarán los trabajos.

I Señalización de áreas de trabajo y mantenimiento.

I Normas de seguridad que se deben adoptar.

I Tiempos de parada en la producción para mantenimiento en los equipos. Comienzo y finalización de trabajos.

I Utillajes y herramientas que serán necesarios.

I Planos y manuales de descripción de actividades y equipos que serán sometidos a mantenimiento.

I *Stock* de piezas de repuesto disponibles.

2. Se deberán documentar las actuaciones realizadas en el mantenimiento, realizando informes sobre:

I Los activos (equipos, máquinas, instalaciones) que se han sometido a mantenimiento.

I Tiempos utilizados en las intervenciones.

I Personal que se dedicó a las labores.

I Resultado de las operaciones que se realizaron a los activos, respuesta al unirse nuevamente al proceso productivo.

I Conclusiones en general de los trabajos realizados.

9. De las siguientes afirmaciones indique cuáles son falsas:

a. El Reglamento EMAS está reservado a organizaciones de tipo privado que quieran mejorar su comportamiento en materia de medioambiente.

☑ **Verdadero**
☐ Falso

b. El objetivo de este reglamento es la utilización como Plan de Acción para obtener a través de él, y de manera obligada, unas industrias sostenibles con el medioambiente.

☑ **Verdadero**
☐ Falso

c. La norma EN-ISO-14001:2015 dice que la organización debe establecer, documentar, implementar, mantener y mejorar de manera continua el sistema de gestión medioambiental.

☐ Verdadero
☑ **Falso**

d. Las normas referentes a residuos en las industrias se rigen por medio de la Ley 10/1998, de 21 de abril.

☐ Verdadero
☑ **Falso**

10. Enumere las operaciones que se realizan para la gestión, clasificación y eliminación o vertido de los residuos, clasificándolas por tipos.

▌ Residuos sólidos urbanos (RSU):

▪ Descarga controlada en vertedero.
▪ Compactación.
▪ Compostaje.

▌ Residuos tóxicos y peligrosos:

▪ Incineración.
▪ Depósitos de seguridad.

Solucionario 2
Ajuste, puesta en marcha y regulación de los sistemas mecánicos

Solucionario Capítulo 1

1. **Indique qué se entiende por tolerancia en el ámbito del ajuste mecánico y enumere al menos cuatro parámetros que pueden ser objeto de una tolerancia límite en la fabricación mecánica.**

   Tolerancia es la diferencia entre la medida máxima y mínima permitida de una pieza. Existen diferentes parámetros que pueden ser objeto de tolerancia en la fabricación mecánica, entre los que destacan: paralelismo, perpendicularidad, redondez, conicidad, planitud, concentricidad, etc.

2. **En función del tipo de ajuste, ¿cómo se pueden clasificar las uniones de los conjuntos mecánicos? Indique cuándo tiene lugar cada tipo de unión.**

   a. Unión con holgura o juego: cuando el diámetro del agujero es mayor que el diámetro del eje.
   b. Unión con apriete o de sujeción: cuando el diámetro del eje es mayor que el del agujero.
   c. Unión con ajuste indeterminado: cuando el tipo de ajuste puede ser con holgura o apriete, debido a las tolerancias de las piezas.

3. **Indique qué sistema de ajuste se está empleando para las siguientes uniones, así como el tipo de ajuste que tiene lugar.**

   30 H7-g6
   200 M6-h5

   a. Sistema de ajuste agujero único o agujero base, por ser agujero 'H'. Unión con holgura o juego por estar la posición de la tolerancia del eje ('g') comprendida entre la 'a' y la 'h'.
   b. Sistema de ajuste eje único o agujero base, por ser el eje 'h'. Unión con apriete o de sujeción por estar la posición de la tolerancia del agujero ('M') comprendida entre la 'J' y la 'Z'.

4. ¿Cuáles son las principales aplicaciones de un reloj comparador? ¿Qué precisión suelen tener la mayoría de modelos que se pueden encontrar en el mercado?

Un reloj comparador es una herramienta para realizar mediciones con precisión que tiene gran aplicación en comprobaciones de planicidad, redondez, inclinación o rectitud de piezas.

La precisión de la mayoría de estos aparatos es de milésimas de milímetro.

5. ¿Qué es la fatiga de un elemento de una máquina? Indique la importancia que presenta en la labores de mantenimiento industrial.

La fatiga es un tipo de esfuerzo producido por cargas repetitivas en el tiempo y que en muchas ocasiones no tienen por qué ser de demasiada intensidad. Es muy importante tenerlo presente en el mantenimiento industrial, ya que es la primera causa de rotura de piezas metálicas móviles; además dichas roturas se suelen producir de forma súbita y generalmente sin previo aviso.

6. ¿Cómo se define la tolerancia de una pieza? ¿En qué unidades se mide según el sistema ISO?

Es la diferencia entre la medida máxima y la mínima permitida de una pieza. Según el sistema ISO se mide en milésimas de milímetro o micras.

7. Enumere tres formas distintas de representar la tolerancia en un plano de fabricación mecánica.

- Por medio de las dimensiones máximas y mínimas.
- Por medio de la medida nominal acompañada de las desviaciones máxima y mínima.
- Según la notación estandarizada ISO.

8. ¿Cuál es la función de las siguientes herramientas?

- a. Una mandriladora: ensanchamiento de agujeros.
- b. Una terraja: roscado de pernos.
- c. Una troqueladora: realización de agujeros en chapas.

9. **Explique cuál es la técnica para realizar medidas con el pie de rey**

Se procede a leer el valor en milímetros de la parte fija que queda justamente a la izquierda del 0 del nonio móvil, a este valor se le suma la parte decimal obtenida por la lectura de la primera rayita del nonio que coincida con una rayita de la parte fija del pie de rey.

10. **Enumere los principales tipos de esfuerzos mecánicos. ¿Cuál de ellos tiende a alargar la dimensión longitudinal de la pieza?**

Tracción, compresión, flexión, cortadura, torsión y fatiga.

El esfuerzo que tiende a alargar la pieza es el esfuerzo de tracción.

Solucionario Capítulo 2

1. **¿Qué tipos de anclajes son capaces de absorber las vibraciones de una maquinaria?**

   Los anclajes elásticos, entre los que destacan los anclajes por amortiguador, los almohadillas antivibración, los bloques de inercia con base elástica y los cojines antivibración.

2. **Indique cuáles son los principales parámetros que influyen en el tipo de cimentación de una máquina industrial.**

   Cargas o esfuerzos que transmite la máquina al terreno. Estos pueden ser estáticos, como el peso propio, o dinámicos, como las vibraciones producidas por las partes móviles del equipo.

   Resistencia del terreno donde ubicar la maquinaria.

3. **¿Qué tipo de cimentación es más apropiada para los siguientes casos?**

   a. **Cimentación de prensa industrial en un terreno donde el firme se encuentra a 5 metros de profundidad.**
   b. **Cimentación de un torno que dispone de 4 patas de apoyo, sobre terreno de resistencia media a los 0,6 metros de profundidad.**
   c. **Cimentación de maquinaria textil de grandes dimensiones y múltiples puntos de apoyo, sobre terreno de baja resistencia a 0,4 metros de profundidad mejorado con grava y compactado**

   a. Pilotes de hormigón para transmitir las grandes cargas a elevada profundidad.
   b. Zapatas de hormigón armado, preferiblemente arriostradas entre sí.
   c. Losa de cimentación para cubrir la gran superficie necesaria de apoyo.

4. **Indique tres sistemas utilizados para el nivelado de máquinas y cuatro para la comprobación de dicho nivel.**

   Los sistemas para el nivelado de máquinas más utilizados son: tornillos de nivelado, cuña de nivelación y suplementos de las bases de apoyo.

   Para la comprobación del nivel se emplean los niveles de bola de aire, niveles electrónicos, reglas y escuadras de precisión, plomadas, así como los colimadores láser.

5. **¿Qué tipos de anclajes rígidos se pueden emplear para fijar la maquinaria a los cimientos de la misma?**

   Sistema de placa de anclaje y pernos.

   Tornillos y tacos ubicados en orificios practicados a la cimentación.

   Anclajes epoxídicos por medio de tornillos adheridos al cimiento por medio de resina epoxi vertida entre el tornillo y un orificio taladrado en el cimiento.

6. **¿Qué son los bloques de inercia?**

   Son bloques de hormigón utilizado de base en una máquina industrial. Este bloque a su vez se apoya sobre un montaje elástico que reduce las vibraciones transmitidas al cimiento o a la propia edificación.

7. **¿Qué es una cartela? ¿Cuál es su finalidad?**

   Una cartela es un trozo de chapa metálica soldada a la placa de anclaje, cuya finalidad es aportar mayor rigidez y por tanto mayor resistencia ante las cargas que transmite la máquina a la propia placa de anclaje.

8. **¿Para qué se utilizan los suplementos en las bases de apoyo de una máquina? ¿Cuáles deben ser sus características?**

   Son elementos que se utilizan en ocasiones excepcionales para el nivelado de una máquina. Entre sus características principales destaca la adecuada resistencia y durabilidad según el tipo de equipo a nivelar.

9. ¿Qué entiende por losa armada de cimentación? ¿Cuándo se suelen emplear?

Es una plancha continua de hormigón armado con barras de acero corrugado tanto en su parte superior como inferior. Se suele emplear para cimentar en terrenos de resistencia media o baja, donde conviene tener una gran superficie de contacto entre terreno y cimentación.

10. ¿Qué tipos de pernos conoce para unir una placa de anclaje con el cimiento?

Pernos de acero liso con terminación en patillas, los cuales se dejan embebidos en la cimentación antes de hormigonar y posteriormente se unen a la placa por medio de tuercas de nivelación.

Pernos de acero corrugado previamente soldados a la placa que se colocan y nivelan en el momento de la ejecución de la cimentación.

Solucionario Capítulo 3

1. **¿Qué especificaciones generales se deben comprobar antes de la puesta en marcha inicial de una máquina industrial?**

   Se debe comprobar el correcto anclaje y el buen estado de los cimientos, la no obstrucción de las aberturas de ventilación de la máquina, la lubricación de aquellos componentes que así lo requieran, la retirada de aquellos dispositivos de enclavamiento usados en el transporte, el correcto montaje de terminales eléctricos, etc.

2. **¿Cuáles son los principales elementos con los que va a contar cualquier máquina y que van a definir su funcionamiento?**

   a. Motor
   b. Mecanismos
   c. Bastidor
   d. Componentes de seguridad

3. **¿Qué condiciones se tienen que controlar si una máquina va a ser almacenada un tiempo considerable antes de su puesta en marcha?**

   Se tienen que controlar las condiciones de temperatura, humedad y ventilación del local donde se ubique, así como la entrada de polvo, agua o insectos. También es importante que el apoyo provisional esté libre de vibraciones y movimientos que puedan dañar el equipo.

4. **Una vez que un equipo se ha puesto en marcha, ¿cuáles son los principales síntomas de un mal funcionamiento?**

   Los principales síntomas que pueden denotar un problema en la máquina son: temperaturas de trabajo anormalmente altas, ruidos excesivos para la máquina en cuestión o vibraciones de componentes fuera de lo habitual.

5. **¿Qué tipos de componentes de seguridad se pueden emplear en máquinas industriales?**

   Componentes fijos, componentes móviles, regulables, dotados con dispositivo de enclavamiento, así como componentes con bloqueo asociado al mando.

6. **¿Cómo se puede clasificar la manipulación de maquinaria atendiendo a las vías por las que se realiza el transporte desde su origen hasta su destino?**

    a. Transporte por carretera
    b. Transporte por ferrocarril
    c. Transporte por vías navegables
    d. Transporte aéreo
    e. Transporte mixto o combinado.

7. **¿Qué tipos de componentes pueden ser manipulados dentro de una máquina industrial?**

    Componentes eléctricos (cableado, electroimanes, interruptores y electroválvulas), componentes electrónicos (microcontroladores, módulos de memoria, sensores, diodos, relés y transistores), componentes hidráulicos y neumáticos (bombas, compresores, filtros, válvulas y actuadores) y componentes mecánicos (poleas, levas, engranajes, correas, bielas y manivelas).

8. **Enumere diferentes componentes de seguridad de máquinas industriales**

    Tabiques de protección, puertas de seguridad, botón de parada de emergencia, capós de protección, bastidores y cárteres de seguridad, protectores telescópicos, etc.

9. **¿Cuál es el documento que debe consultarse antes de la puesta en marcha de un equipo? ¿Por qué?**

    El manual del fabricante para la máquina en cuestión. Se debe consultar dado que en dicho documento se explica el funcionamiento del equipo, bajo qué circunstancias la máquina puede ponerse en funcionamiento, así como las principales medidas de seguridad y protección que se deben llevar a cabo.

10. **¿Qué actuación se debe realizar en el momento de la recepción de una maquinaria industrial?**

    Comprobar que no ha sufrido daños en el transporte, inspeccionando de inmediato el embalaje y los elementos del equipo para que en caso de detectar algún problema se pueda informar al suministrador con la mayor brevedad posible.

Solucionario Capítulo 4

1. ¿Por qué es necesario que la holgura en una transmisión por engranajes sea la correcta?

El valor de holgura debe ser el óptimo porque si existe poca holgura se producirá un gran roce entre piezas con el consecuente desgaste, sobrecalentamiento y posibilidad de dañar algún diente y, en caso contrario, con una gran holgura se producirán pequeños impactos durante el funcionamiento, con un rápido deterioro de las ruedas dentadas.

2. Indique cuatro técnicas empleadas para la realización de diagnósticos de funcionamiento en máquinas industriales.

   ∎ Análisis de vibraciones.
   ∎ Termografías infrarrojas.
   ∎ Estudio de ultrasonidos.
   ∎ Análisis de lubricantes.

3. ¿Qué es un acelerómetro? ¿En qué se basa su funcionamiento?

Es un sensor o transductor utilizado para la medición de vibraciones de componentes mecánicos en movimiento. Su funcionamiento se basa en la emisión de una señal de salida en forma de tensión eléctrica que es proporcional a la vibración del componente donde se coloca.

4. ¿En qué consiste el equilibrado de una máquina rotativa? ¿Qué efectos se producirán en un rotor desequilibrado?

Consiste en conseguir que las masas de un cuerpo que gira con respecto a un eje estén compensadas con respecto al eje de giro. Los efectos del exceso de masa a un lado del rotor son momentos centrífugos y vibraciones, tanto mayores cuanto mayor sea la velocidad de giro.

5. **Indique varias causas de averías comunes en máquinas industriales.**

Desalineación en acoplamientos, defectos en los rodamientos, falta de limpieza de los componentes, deformaciones excesivas, desequilibrio de elementos rotativos, problemas eléctricos, rozamiento, impacto o contacto metal-metal en elementos de transmisión, fugas de fluidos, oxidación y corrosión de componentes.

6. **Indique tres tipos de sensores utilizados para la obtención de datos con los que poder detectar fallos en máquinas y la magnitud que son capaces de medir.**

   I Acelerómetros para medir vibraciones.
   I Galgas extensiométricas para determinar deformaciones.
   I Sensores de temperatura para detectar sobrecalentamientos.

7. **¿Qué parámetros se tienen en cuenta en el análisis de vibraciones de máquinas y qué resultados se pueden obtener de su análisis?**

   I Frecuencia de la vibración, con la cual se puede estimar el tipo de problema que afecta al equipo.
   I Desplazamientos, velocidades y aceleraciones para estudiar la severidad o gravedad del problema.

8. **Indique algunos síntomas que pueden alertar de la presencia de averías en máquinas.**

Ruido anormal, sobrecalentamiento de componentes, vibraciones excesivas, generación de humo, presencia de fuego, modificación en ciertas magnitudes de funcionamiento, disminución en el rendimiento, mayor consumo de energía, etc.

9. **¿Qué tipos de desalineaciones se pueden dar en los ejes? ¿Cuándo se presentan?**

Desalineación radial o paralela. Se presenta cuando los ejes de giro se encuentran desplazados paralelamente.

Desalineación angular. En este caso los ejes presentan un pequeño ángulo de desviación con respecto al ángulo de 0° que deben formar sus ejes de giro.

10. ¿Qué es la excentricidad de un rotor?

Es la desviación que presenta el centro geométrico de un rotor con respecto al eje de giro que presentaría una pieza circular perfecta, cuyo centro de giro coincide con su centro geométrico.

Solucionario Capítulo 5

1. ¿Qué es un 'Organismo Notificado'?

Es un agente competente para la verificación de la conformidad con respecto a los requisitos esenciales de seguridad establecidos en las Directivas Comunitarias.

2. ¿Qué documentación se presenta en la ficha técnica de una máquina elaborada por el fabricante?

Las principales características de la máquina y sus componentes, destacando los datos del motor, con indicación de potencia y energía consumida, tipos de transmisiones, circuitos que forma la máquina, así como peso y dimensiones acotadas de equipo.

3. ¿Quién se encarga de la redacción de las 'Normas Armonizadas'?

La redacción de las 'Normas Armonizadas' la llevan a cabos los organismos acreditados de normalización a nivel europeo. Según la norma a desarrollar se puede encarga a alguno de los siguientes organismos:

- CEN: Comité Europeo de Normalización.
- CENELEC: Comité Europeo de Normalización Electromagnética.
- ETSI: Instituto de Estandarización Europea de Telecomunicaciones.

4. ¿Qué documentación debe contener un 'Expediente Técnico'?

De forma general un 'Expediente Técnico' debe contener: identificación del fabricante, descripción de la maquinaria, lista de 'Normas Armonizadas' que se han tenido en cuenta, instrucciones de uso, auditorias realizadas por 'Organismos Notificados', planos del equipo, sistemas de calidad, etc.

5. **Indique al menos cinco ventajas que suponen para la industria la realización del diario de puesta en marcha en los equipos que utiliza.**

   a. Facilita la detección de fallos repetitivos en ciertos equipos, así como zonas críticas de la planta industrial.
   b. Mejora la planificación ordenada de los trabajos a llevar a cabo en cada máquina.
   c. Facilita la valoración del material, mano de obra y tiempo destinado al mantenimiento de cada equipo.
   d. Ayuda al diagnóstico de fallos.
   e. Afina la frecuencia de intervención para cada una de las máquinas.
   f. Facilita el suministro de repuestos.

6. **¿Qué es una 'Norma Armonizada'? ¿Qué ventajas aporta su aplicación?**

   Una 'Norma Armonizada' es una especificación técnica, elaborada por un organismo acreditado de normalización a nivel europeo. La ventaja principal que presenta es que su cumplimiento fija un nivel de seguridad estandarizado y por tanto facilita la justificación del cumplimiento de las Directivas ante cualquier agente de verificación.

7. **Indique los tipos de 'Normas Armonizadas' existentes ¿Qué contenidos aborda cada una de ellas?**

   a. Normas de tipo A: fijan principios generales de seguridad.
   b. Normas de tipo B: normas relativas a un colectivo, ya sea de máquinas o de elementos de protección.
   c. Normas tipo C: recogen las especificaciones de seguridad para una máquina o grupo de máquinas concreto.

8. **¿Qué es el marcado CE?**

   Es una indicación gráfica que refleja que el fabricante de la máquina cumple con los requisitos establecidos en las Directivas Europeas que le son de aplicación.

9. **¿Qué dos vías existen para cumplir los requisitos esenciales de seguridad establecidos en las Directivas Europeas?**

   a. Empleo de una norma armonizada, cuyo cumplimiento fija un nivel de seguridad estandarizado.
   b. Cumplir el mínimo equivalente de seguridad, sin ceñirse a las especificaciones de las normas armonizadas.

10. **¿Qué es un examen 'CE'?**

    Es una evaluación, por parte de 'Organismo Notificado', para conseguir la aprobación de la máquina para su comercialización y uso habitual dentro de la Unión Europea.

Solucionario 3
Montaje y reparación de sistemas eléctricos y electrónicos de bienes de equipo y máquinas industriales

Solucionario Capítulo 1

1. **Defina los siguientes conceptos:**

   a. Contactor: Es un elemento de tipo electromecánico que permite la interrupción o el paso de corriente. Este tipo de elementos puede ser accionado a distancia, manteniendo un estado de reposo o espera hasta recibir algún mandato de acción por parte del circuito de mando.
   b. Autómata programable: Máquina que está preparada para realizar un control sobre distintos procesos industriales. Los autómatas programables disponen de una serie de sistemas de entrada y salida para poder gestionar eficazmente el control. Precisan de una serie de instrucciones secuenciales que han de ser ejecutadas.
   c. Condensador: Es un dispositivo formado por dos placas metálicas separadas por una lámina no conductora que permite el almacenamiento de carga eléctrica.
   d. Relé: Dispositivo electromecánico que actúa como interruptor o inversor gobernado por un electroimán que acciona uno o varios contactos para permitir la apertura o el cierre de otros circuitos eléctricos independientes.
   e. Sensor: Dispositivo que detecta magnitudes y las transforma en variables eléctricas. Este dispositivo se diferencia del transductor en que siempre está en contacto con la variable de instrumentación.

Identifique las siguientes imágenes:

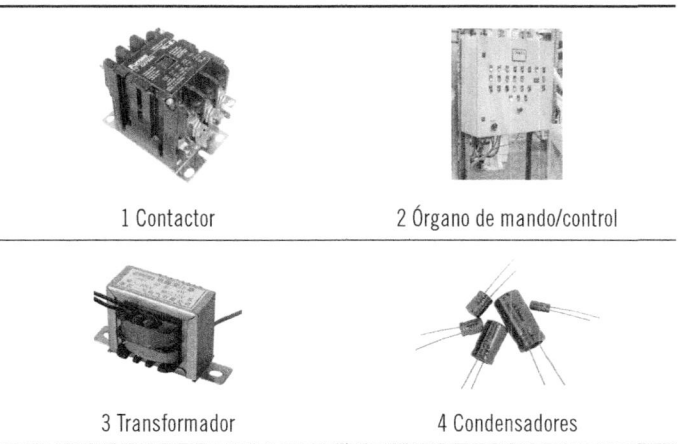

1 Contactor	2 Órgano de mando/control
3 Transformador	4 Condensadores

2. Ponga nombre a cada una de las partes del relé.

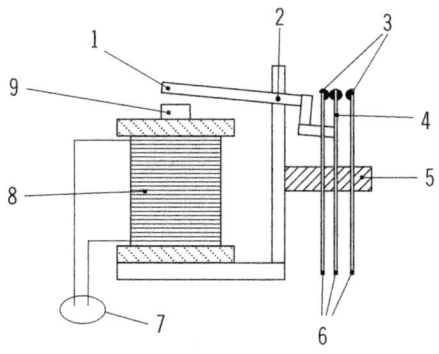

1. Inducido hierro dulce	4. Contacto móvil	7. Conexiones bobina
2. Pivote	5. Aislante	8. Bobina
3. Contactos fijos	6. Metal flexible	9. Núcleo

3. Relacione los números con las partes del contactor que se representa a continuación.

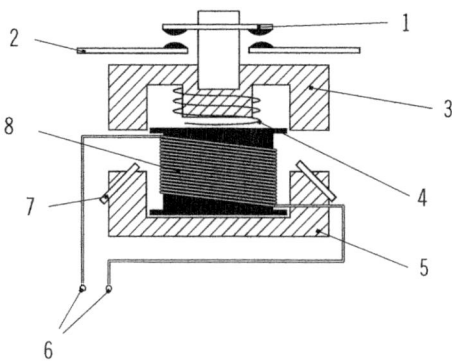

1. Contacto móvil	4. Muelle anatagonista	7. Espira de sombra
2. Contacto fijo	5. hierro fijo	(en corriente alterna)
3. Hierro móvil	6. Alimentación bobina	8. Bobina

4. Indique el nombre de cada uno de los siguientes símbolos.

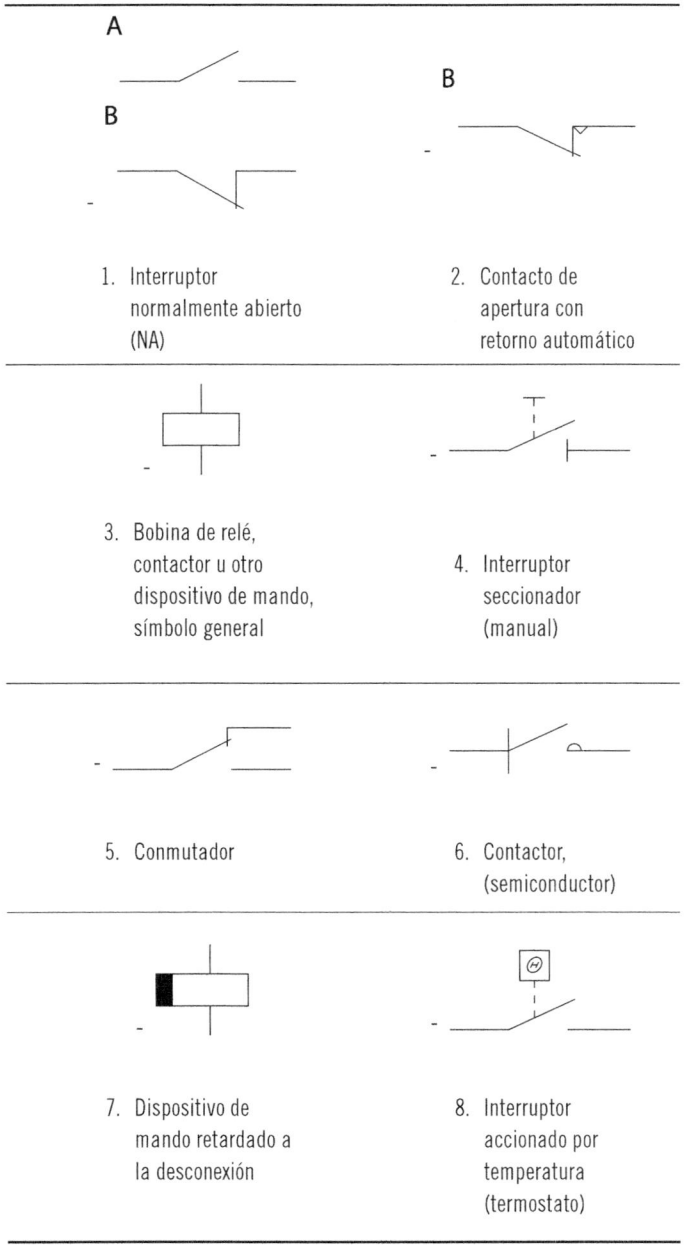

1. Interruptor normalmente abierto (NA)	2. Contacto de apertura con retorno automático
3. Bobina de relé, contactor u otro dispositivo de mando, símbolo general	4. Interruptor seccionador (manual)
5. Conmutador	6. Contactor, (semiconductor)
7. Dispositivo de mando retardado a la desconexión	8. Interruptor accionado por temperatura (termostato)

5. Dibuje los símbolos correspondientes de los siguientes dispositivos:

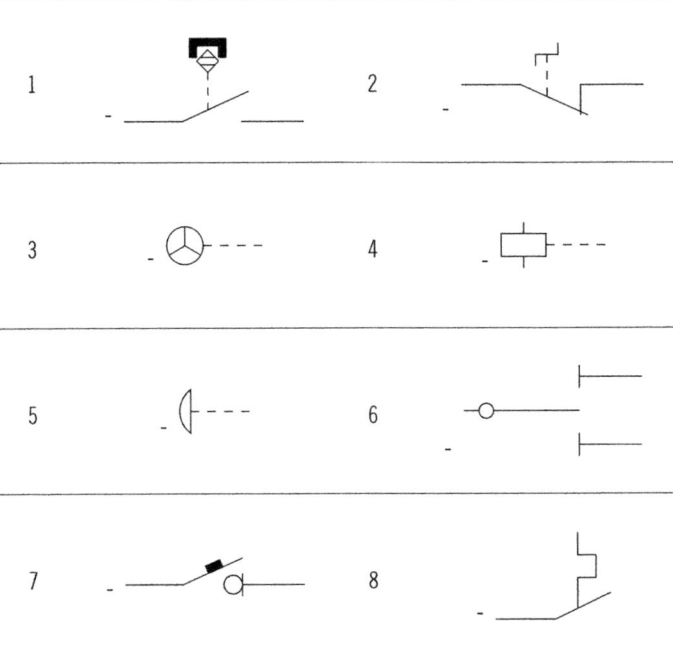

1. Interruptor de proximidad con contacto de cierre accionado por imán
2. Interruptor de giro con contacto de apertura
3. Mando de volante
4. Accionamiento por efecto electromagnético. Relé
5. Accionamiento de emergencia tipo 'seta'. Pulsador de paro de emergencia
6. Seccionador de dos posiciones con posición intermedia
7. Interruptor seccionador con apertura automática provocada por un relé de medida o un disparador incorporados
8. Contacto auxiliar de cierre autoaccionado por un relé térmico

6. En la normativa se establecen los colores que se deben utilizar, así como su significado. Relaciónelos indicando la finalidad de estos. Complete los siguientes cuadros.

Color \ Forma	Círculo	Triángulo	Rectángulo o cuadrado
Rojo	Prohibición		Material de lucha contra incendios
Amarillo		Advertencia	
Verde			Zona de seguridad Salida de socorro Primeros auxilios
Azul	Obligación		

Color	Significado
Rojo	Parada
	Prohibición
	Material y equipo de lucha contra incendios
Amarillo o amarillo-anaranjado	Atención
	Zona de riesgo
	Advertencia
Verde	Situación de seguridad
	Primeros auxilios
Azul	Obligación

7. **Indique de las dos formas de trabajo que se exponen a continuación cuál es la correcta.**

Tipo 1

   I Mantenimiento cualificado.
   I Inversión en el equipo de protección.
   I La continuidad del trabajo no es imprescindible.

Tipo 2

   I La continuidad del trabajo es imprescindible.
   I El servicio de mantenimiento es inexistente.
   I La normativa exige la protección pero no se invierte en ella.

8. **Relacione los siguientes tipos de automatización con sus definiciones**

   a. Control Automático de Procesos
   b. Procesamiento Electrónico de Datos
   c. Automatización Fija
   d. Control Numérico Computerizado.

   a. Son procesos con distintos tipos de cambios (químicos, físicos, etc.). Ejemplo: procesos de refinado del petróleo.
   b. Vinculado con sistemas de información, centros de cómputo, etc. También se incluyen la obtención, análisis y registro de datos mediante computadores e interfases.
   c. Emplea sistemas lógicos que se han ido flexibilizando con elementos de programación (PLC).
   d. Tiene un gran nivel de flexibilización. Se aplica a Máquinas de Herramientas de Control Numérico (MHCN) como son las máquinas de corte por hilo y los tornos y fresadoras CNC.

9. **¿Qué sistemas integra la automatización integrada CIM?**

   La automatización integrada CIM es un sistema de fabricación que integra:

   I Fabricación asistida por computador (CAM)
   I Diseño asistido por computador (CAD)
   I Ingeniería asistida por computador (CAE)

Solucionario Capítulo 2

1. Identifique los siguientes aparatos de medida diferenciando si son analógicos o digitales.

1. Amperímetro analógico   2. Pinza amperimétrica digital

 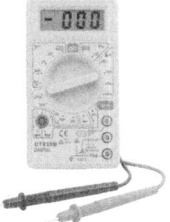

3. Voltímetro digital   4. Óhmetro digital

5. Vatímetro analógico

2. A partir de los símbolos dados, complete la tabla.

Símbolo	Aparato que representa	Instrumento de medida de...
$\boxed{W}$	Vatímetro	Potencia
Ω	Óhmetro U Ohmímetro	Resistencia
V	Voltímetro	Diferencia De Potencial
A	Amperímetro	Intensidad

3. Identifique qué tipo de circuito se le muestra en cada caso y complete el cuadro.

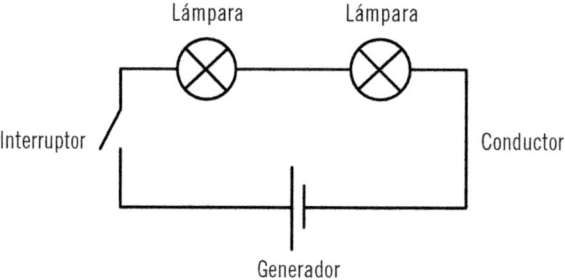

1. Circuito en serie

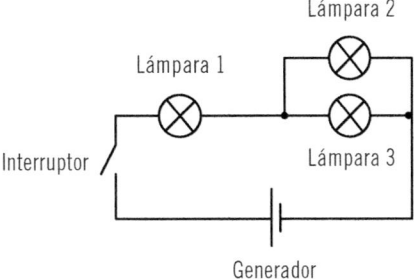

2. Circuito mixto

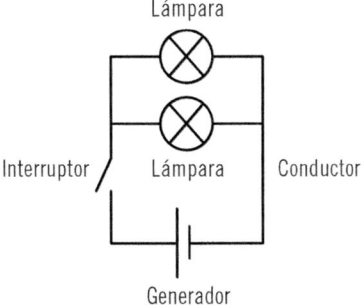

3. Circuito en paralelo

	Circuito en serie	Circuito en paralelo
Intensidad total	IT=I1=I2	IT=I1+I2
Resistencia total	RT=R1+R2	$\dfrac{1}{Rt} = \dfrac{1}{R1} + \dfrac{1}{R2}$
Potencial	V=V1+V2	V=V1=V2

4. **Relacione los aparatos de medida con el tipo de conexionado que le corresponde.**

    a. Amperímetro
    b. Voltímetro
    c. Óhmetro

    b. Se tienen que situar en paralelo ambos puntos, es decir, que se encuentren en derivación sobre los puntos que queremos hacer la medición. Por ello, para evitar errores en las mediciones, debe tener una resistencia interna alta con un consumo bajo.

    a. Se tiene que conectar en serie con el circuito que se quiere medir, teniendo que abrir el circuito para conectar el conductor a los extremos del aparato.

    c. Con este aparato se mide siempre en paralelo con respecto al elemento que se quiere medir. Se ajustará a cero antes de iniciar una medición, evitando errores en esta.

5. **Se tiene un amperímetro con:**

Alcance Imax $= 12$ A

Resistencia interna Ra $= 0,5$ Ω

Factor multiplicador K $= 5$

Se quiere medir una corriente superior: ¿cuál es la corriente real si la medición del amperímetro es 4 amperios?

6. **Se tiene un voltímetro con:**

Alcance V $= 15$ A

Resistencia interna Ra$= 0,5$ Ω

Factor multiplicador de la resistencia K $= 5$

Se quiere medir una tensión superior: ¿cuál es la tensión real si la medición del voltímetro es 5 voltios?

7. El polímetro es un instrumento que permite...

   a. **... la medición de diferentes magnitudes eléctricas y trabajará como voltímetro, amperímetro u ohmímetro.**
   b. ... la identificación de elementos y bienes de equipo.
   c. ... la medición de dos magnitudes: la intensidad y el potencial.
   d. ... la medición de una única magnitud, la resistencia.

8. Existen dos tipos de polímetros o multímetros:

   a. Polímetro analógico y electrónico
   b. Polímetro digital y de inversión de polaridad
   c. **Polímetro analógico y digital**
   d. Polímetro galvanómetro y analógico

9. El principio de funcionamiento del polímetro se basa en...

   a. ... el amperímetro, siendo este un instrumento que es empleado para efectuar mediciones de corrientes eléctricas con pequeña intensidad.
   b. ... el tester, siendo este un instrumento que es empleado para efectuar mediciones de corrientes eléctricas con pequeña intensidad.
   c. ... el galvanómetro, siendo este un instrumento que es empleado para efectuar mediciones de resistencias.
   d. **... el galvanómetro, siendo este un instrumento que es empleado para efectuar mediciones de corrientes eléctricas con pequeña intensidad.**

10. Los polímetros digitales disponen de ciertos circuitos electrónicos, siendo los más importantes...

    a. ... los circuitos de visualización.
    b. ... los circuitos de adquisición y preparación de los datos.
    c. ... el conversor analógico-digital.
    d. **Todas las anteriores.**

11. **Un polímetro digital se compone de (señale la más completa):**

   a. Indicador de lectura, selector de funciones, puntos de conexión y punteros
   b. Indicador de lectura, puntos de conexión y punteros
   c. Indicador de lectura, selector de funciones, puntos de arranque y punteros
   d. Indicador de escritura, selector de funciones, puntos de conexión y punteros

12. **Complete el siguiente cuadro:**

Osciloscopios analógicos	Osciloscopios digitales
Trabajan con variables continuas	Trabajan con variables discretas
Utilizan directamente la señal aplicada	Utilizan un conversor analógico-digital
Son mejores cuando es importante la visualización de variaciones rápidas de la señal de entrada	Son mejores cuando se pretende visualizar y analizar eventos no repetitivos

Solucionario Capítulo 3

1. Las máquinas eléctricas son:

    a. Un conjunto descoordinado y ajustado de diferentes mecanismos que permiten el aprovechamiento, la transformación y la generación de energía eléctrica.

    b. Mecanismos que realizan una transformación de la energía eléctrica que reciben en otro tipo de energía.

    c. Mecanismos que realizan una transformación de la energía eléctrica que reciben en otro tipo de energía, o también en energía eléctrica pero con una manifestación diferente a la inicial.

    d. Un conjunto descoordinado y desajustado de diferentes mecanismos que permiten la generación de energía eléctrica.

2. Las máquinas eléctricas se agrupan en...

    a. ... tres tipos: generadores, transformadores y electroimanes.

    b. ... tres tipos: generadores, motores y transformadores.

    c. ... cuatro tipos: generadores, motores, electroimanes y transformadores.

    d. ... cinco tipos: rotores, generadores, motores, electroimanes y transformadores.

3. La estructura de una máquina eléctrica se compone principalmente de...

    a. ... dos elementos: el rotor y el estátor.

    b. ... tres elementos principales rotor, estátor, y carcasa y otros elementos como base, cojinetes, cajas de conexiones y tapas.

    c. ... dos elementos principales el rotor y el estátor y otros elementos como base, cojinetes o rodamientos, cajas de conexiones, tapas y carcasa.

    d. ... dos elementos principales cojinetes, carcasa y otros elementos como base, rodamientos, cajas de conexiones y tapas.

4. El Rotor es un elemento principal de la máquina eléctrica, se trata de...

    a. ... un elemento que permite la transferencia mecánica, facilitando la conversión de la energía que recibe.

    b. ... un elemento que permite la transferencia mecánica, facilitando la conversión de la energía que recibe. Básicamente, un rotor se compone de un conjunto de láminas de acero al silicio conformando un solo paquete.

    c. ... un conjunto de láminas de acero al silicio conformando un solo paquete. Existen tres tipos de rotores: de polos salientes, jaula de ardilla y ranurado.

    d. ... un elemento que permite la transferencia mecánica, facilitando la conversión de la energía que recibe. Básicamente, un rotor se compone de un conjunto de láminas de acero al silicio conformando un solo paquete. Existen tres tipos de rotores: de polos salientes, jaula de ardilla y ranurado.

5. Seleccione si las siguientes afirmaciones son verdaderas (V) o falsas (F), rodeando con un círculo la opción correcta:

    a. Un motor basa su funcionamiento en las propiedades electromagnéticas de la corriente eléctrica y permite generar fuerzas de repulsión y atracción que actúan sobre el eje para provocar un movimiento de rotación.

        ☑ **Verdadero**
        ☐ Falso

    b. El principio de funcionamiento de un motor se basa en la Ley de Faraday. Esta Ley establece que un conductor que se mueve en el seno de un campo magnético de un imán genera una diferencia de potencial entre sus extremos que es proporcional a la velocidad de desplazamiento.

        ☑ **Verdadero**
        ☐ Falso

    c. En un motor se suelen utilizar un determinado número de espiras devanadas sobre un núcleo magnético, sin poder sustituirse el imán por ningún otro elemento que genere el mismo efecto al aplicarle una corriente excitadora

        ☐ Verdadero
        ☑ **Falso**

d. El sentido de la corriente que fluye por el inducido se define mediante la Ley de Lenz que establece que toda variación que se genere en el campo magnético tiende a crear un efecto en sentido opuesto que anule y compense la causa que la originó.

☑ **Verdadero**
☐ Falso

e. Una manera sencilla para determinar el sentido de la corriente inducida consiste en la utilización de la "regla de la mano derecha". Se ponen los dedos pulgar, índice y medio de la mano derecha de manera que formen un triedro trirrectángulo; si el dedo pulgar indica el sentido del movimiento, y el dedo índice el del campo, el dedo medio señalará el sentido (convencional) de la corriente, en el caso de tratarse de un circuito cerrado.

☑ **Verdadero**
☐ Falso

f. Dentro de los motores de corriente alterna podemos distinguir entre motores convencionales y motores de inducción o asíncronos.

☐ Verdadero
☑ **Falso**

6. **Enumere los principales factores que se han de considerar en el diseño de un sistema de regulación de velocidad.**

    a. Condiciones de arranque y frenado
    b. Contexto ambiental
    c. Sentido de la regulación según la velocidad nominal
    d. Escala de regulación
    e. Progresividad o flexibilidad de regulación
    f. Cargas admisibles
    g. Tipo de carga
    h. Tipo de motor (voltaje, potencia, etc.)
    i. Consideraciones de la red (fluctuaciones, corrientes, etc.)
    j. Estabilidad funcional de trabajo
    k. Rangos de trabajo
    l. Aplicación momo o multimotor
    m. Rentabilidad económica

7. **Complete la siguiente tabla con las ventajas e inconvenientes de la utilización del variador de velocidad en el arranque de motores asíncronos.**

Ventajas	Inconvenientes
Limita la corriente de arranque	Precisa que se realice un estudio de las especificaciones del fabricante
Se puede controlar mediante un autómata o microprocesador	
Sencilla conexión de cableado	
Control progresivo de la aceleración y del frenado	Sistema caro, aunque rentable a largo plazo
Mayor rendimiento del motor	
El variador carece de partes móviles y contactos	
Protege al motor detectando y controlando la falta de fase en el equipo	Precisa tiempo para efectuar la programación
Permite ver las variables	
Logra un ahorro de energía cuando el motor funciona medio cargado	
Permite arranques suaves, progresivos y sin saltos	

8. **Defina los siguientes parámetros de operación de un motor eléctrico de corriente continua.**

a. Voltaje: Es el trabajo por unidad de carga realizado sobre una partícula cargada para desplazarla entre dos puntos concretos. El voltaje igualmente es denominado diferencia de potencial (ddp) y tensión eléctrica (V) existente entre dos puntos. El voltaje depende solamente del potencial eléctrico en los puntos medidos siendo independiente del camino seguido por la carga.

$$P = \frac{W}{t}$$

b. Potencia: Es el tiempo empleado para realizar un trabajo o la velocidad de cambio de energía en un sistema. En física, la Potencia es igual al trabajo por unidad de tiempo.

c. Corriente eléctrica: Es el flujo de carga que recorre un material por unidad de tiempo que pasa por un punto determinado. La corriente eléctrica se debe al movimiento en el interior del material de los electrones. Está definida por convenio en sentido contrario al desplazamiento de los electrones.

$$1 \, H_z = \frac{1}{S}$$

d. Frecuencia: Es la magnitud que mide el número de ciclos o repeticiones por unidad de tiempo. La unidad de la frecuencia en el Sistema Internacional es el Hercio (Hz), siendo este un suceso repetido una vez por segundo

e. Eficiencia: Es la relación entre la energía útil (potencia de salida) y la energía invertida (potencia de entrada). Se expresa en tanto por ciento pero cuando se realizan las operaciones se expresará con decimales.

f. Par de arranque: Es la fuerza que realiza el motor al arrancar para comenzar a trabajar y romper con las condiciones iniciales.

9. **Enumere y defina los distintos documentos técnicos que debe contener el proyecto.**

La documentación que debe contener el Proyecto es:

▮ Memoria de la instalación. Se expresarán especialmente:

    ▮ Datos relativos al propietario.

    ▮ Emplazamiento, características básicas y uso al que se destina.

I Características y secciones de los conductores a emplear.

I Características y diámetros de los tubos para canalizaciones.

I Relación nominal de los receptores que se prevean instalar y su potencia, sistemas y dispositivos de seguridad adoptados y cuantos detalles sean necesarios de acuerdo con la importancia de la instalación proyectada y para que se ponga de manifiesto el cumplimiento de las prescripciones del Reglamento y sus Instrucciones Técnicas Complementarias.

I Esquema unifilar de la instalación y características de los dispositivos de corte y protección adoptados, puntos de utilización y secciones de los conductores.

I Croquis de su trazado.

I Cálculos justificativos del diseño.

I Planos de la instalación. Serán los suficientes en número y detalle, tanto para dar una idea clara de las disposiciones que pretenden adoptarse en las instalaciones, como para que la empresa instaladora que ejecute la instalación disponga de todos los datos necesarios para la realización de la misma.

I Pliego de condiciones técnicas. La redacción del pliego de condiciones solo será preciso en casos en los que el cliente determine exigencias con respecto a los tipos de material a instalar.

I Presupuesto. Se trata de una lista detallada de los diferentes gastos que va a conllevar el proyecto. Se presentará en forma de tabla, desglosando el mismo en mano de obra y materiales.

Solucionario Capítulo 4

1. **Identifique los componentes que se presentan a continuación, y que forman parte de los cuadros eléctricos.**

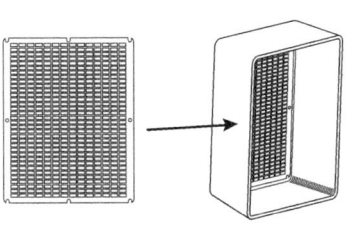

Placa perforada tipo telequick

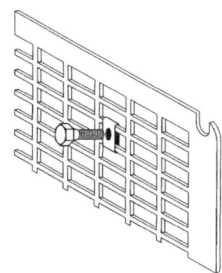

Instalación de componente mediante clip

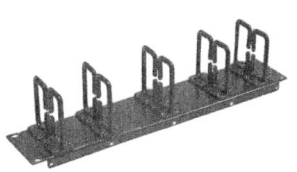

Placas pasacables

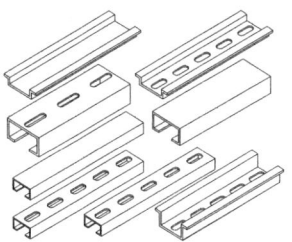

Perfiles metálicos laminados

Pletina puesta a tierra

Aislador para alta tensión

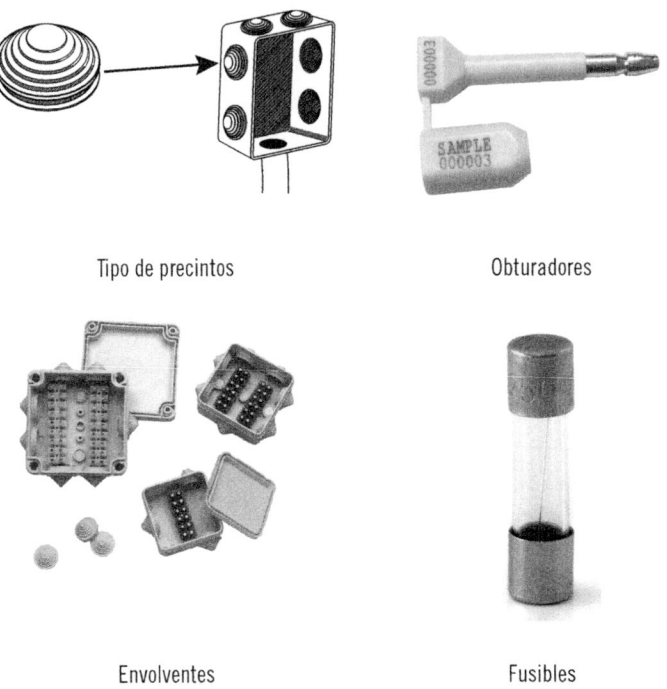

Tipo de precintos   Obturadores

Envolventes   Fusibles

2. **Complete los huecos en blanco de esta figura sobre las distancias de seguridad de los conductores enterrados.**

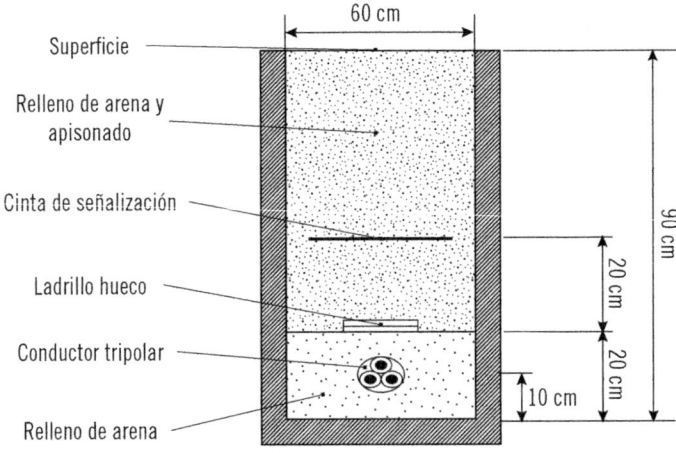

3. **Escriba por orden las fases que se tienen que seguir en el montaje de un cuadro eléctrico.**

Las fases a seguir en el montaje de un cuadro eléctrico son las siguientes:

1. Se realiza la asignación de un operario que se va a encargar del montaje del cuadro eléctrico en el taller.
2. Se analizan detenidamente los planos y se detectan posibles errores.
3. Tras el análisis, se debe concretar el material que va a ser preciso para el montaje del cuadro.
4. La disposición de los diferentes componentes tendrá que ser estudiada para encontrar la más adecuada. Si la disposición viene fijada, se realizará un estudio sobre su viabilidad.
5. Si por motivos de comodidad o de espacio el montaje no fuese viable se analizará la posibilidad del cambio de ubicación de este, siempre bajo la aprobación del cliente.
6. Montaje del armario. Si el armario viene por piezas, se procederá a su montaje mediante el ensamblado mediante atornillado.
7. Se procederá al mecanizado de las piezas y de la placa que van a ser el soporte de los elementos que componen el cuadro.
8. Realización de agujeros a las placas, soportes y perfiles donde van atornillados.
9. Se toman las medidas oportunas, efectuando los cortes necesarios y colocando las canalizaciones.
10. Las barras de cobre se ajustarán y se les dará la forma más adecuada para distribuir la potencia necesaria.
11. Las barras de cobre se sujetan mediante la utilización de aisladores roscados al armario. Las barras secundarias serán taladradas para realizar las conexiones.
12. Se procede a realizar la conexión mediante un adecuado atornillado entre e punto necesario y el terminal, evitando las averías que se puedan originar (ejemplo: cortocircuitos).
13. En la puerta del armario se practicarán los agujeros precisos para la colocación de los aparatos de medida.
14. Seguidamente, se procederá a la instalación del cuadro en el domicilio respetando lo establecido en el REBT.
15. Se corta el suministro eléctrico.
16. Durante estas tareas, se utilizarán productos y herramientas normalizados, como son los destornilladores de aislamiento, alicates de punta con aislamiento, buscapolos, etc.

17. Terminados los pasos anteriores, se procederá a la instalación de los elementos sobre los raíles del cuadro. El orden de colocación de los mismos será el siguiente:

   I Interruptor general.
   I Interruptor diferencial para la protección contra los contactos indirectos.
   I Interruptores automáticos, dispositivos de protección contra sobrecargas y cortocircuitos de cada uno de los circuitos que tienen origen en él.

18. Los cables de entrada se conectarán por la parte superior al interruptor general (neutro y fase).
19. Los cables de salida del interruptor general se conectarán por la parte inferior a la entrada del diferencial.
20. Después, se procede a conectar la salida del interruptor diferencial a la entrada del primer automático.
21. Las fases y los neutros se unirán, por la parte superior, con todos los interruptores automáticos restantes.
22. Se conecta la salida de los interruptores automáticos a los cables correspondientes.
23. Se unen todos los cables de tierra a la toma general.
24. Y por último, se comprobarán todas las conexiones del cuadro.

4. Con respecto a la variedad de colores que se utilizan en la identificación de los conductores. Complete el siguiente cuadro:

	Colores
Conductores activos de circuitos de potencia	Rojo
Conductores activos de circuitos de potencia	Azul
Circuitos de enclavamiento de mando alimentados desde una fuente externa	Naranja
Neutros de circuitos de potencia	Azul Claro
Circuitos de mando en corriente continua	Azul
Conductores de protección (tierra)	Amarillo-Verde

5. Relacione las siguientes definiciones con el vocabulario correspondiente.

    a. Es el trabajador autorizado que posee conocimientos especializados en materia de instalaciones eléctricas, debido a su formación acreditada, profesional o universitaria, o a su experiencia certificada de dos o más años.

    b. Se trata de la labor durante la cual un trabajador entra en contacto con elementos en tensión, o entra en la zona de peligro, bien sea con una parte de su cuerpo o con las herramientas, equipos, dispositivos o materiales que manipula.

    c. Labor durante la cual el trabajador entra, o puede entrar, en la zona de proximidad, sin entrar en la zona de peligro, bien sea con una parte de su cuerpo, o con las herramientas, equipos, dispositivos o materiales que manipula.

    d. Son aquellas con una tensión nominal superior a 1000 V en corriente continua.

    e. Es el espacio alrededor de los elementos en tensión en el que la presencia de un trabajador desprotegido supone un riesgo grave e inminente de que se produzca un arco eléctrico o un contacto directo con el elemento en tensión, teniendo en cuenta los gestos o movimientos normales que puede efectuar el trabajador sin desplazarse.

    f. Es el trabajador que ha sido autorizado por el empresario para realizar determinados trabajos con riesgo eléctrico, en base a su capacidad para hacerlos de forma correcta, según los procedimientos establecidos por Real Decreto.

    g. Son aquellas con una tensión nominal igual o inferior a 1000 V en corriente alterna y 1500 V en corriente continua.

Es el espacio delimitado alrededor de la zona de peligro, desde el que el trabajador puede invadir accidentalmente esta última.

Vocabulario:

    c. Trabajo en proximidad

    e. Zona de proximidad

    d. Instalaciones de Alta Tensión

    f. Trabajador autorizado

    e. Zona de peligro o zona de trabajos en tensión

    b. Trabajo en tensión

    g. Instalaciones de Baja Tensión

    a. Trabajador cualificado

6. Determine qué equipos se engloban en cada categoría:

Categoría I	Equipos destinados a proteger contra riesgos mínimos
Categoría II	Equipos destinados a proteger contra riesgos de grado medio o elevado, pero no de consecuencias mortales o irreversibles
Categoría III	Equipos destinados a proteger contra riesgos de consecuencias mortales o irreversibles

7. ¿Qué fórmula de marcado CE les corresponde a los equipos en función de su categoría? Explique brevemente el folleto informativo.

El marcado tiene dos fórmulas:

I Categoría I y II. Solo precisan el marcado con las siglas CE.
I Categoría III. Se utilizará el marcado con las siglas CE seguidas de un número de 4 dígitos.

Folleto informativo. El fabricante tiene la obligación de entregar el EPI acompañado de un folleto informativo del mismo. Este folleto es un documento de gran importancia a la hora de seleccionar el equipo y de conocer las tareas necesarias para el mantenimiento del mismo durante su vida útil.

8. Recuerde todos los EPI tratados en este apartado y establezca cuáles son los aconsejados para realizar trabajos en las instalaciones de baja tensión.

Para los trabajos en instalaciones de baja tensión, se recomienda la utilización de los siguientes EPI:

I Gafas o pantalla facial adecuadas al arco eléctrico
I Guantes de protección contra riesgos mecánicos
I Casco de seguridad aislante
I Arnés o cinturón de seguridad

También es posible la necesidad del empleo de otros equipos complementarios, como son:

▌ Ropa de trabajo
▌ Calzado de trabajo

9. La Ley de Prevención de Riesgos Laborales es la (señale la correcta)...

    a. ... Ley 39/1999 de 5 de noviembre
    b. ... Ley 54/2003 de 12 de diciembre
    c. ... **Ley 31/1995 de 8 de noviembre**
    d. ... Ley 31/2006 de 18 de octubre

10. De los siguientes reales decretos, señale los que están directamente vinculados con aspectos eléctricos.

    a. Real Decreto 486/1997 de 14 de abril.
    b. Real Decreto 487/1997 de 14 de abril.
    c. **Real Decreto 614/2001 de 8 de junio.**
    d. **Real Decreto 842/2002 de 2 de agosto.**

Solucionario 4
Montaje y reparación de sistemas neumáticos e hidráulicos,bienes de equipo y máquinas industriales

Solucionario Capítulo 1

1. Complete las siguientes tablas:

   a. Principales componentes del aire y su proporción aproximada:

Componente	Proporción
Nitrógeno	78 %
Oxígeno	21 %
Otros gases (argón, hidrógeno, ozono)	1 %
Agua y polvo	Pequeñas proporciones

   b. Propiedades generales de los gases:

1. No tienen forma definida.
2. Ocupan completamente el volumen del recipiente que los contiene.
3. Se comprimen con relativa facilidad.
4. Moléculas en constante movimiento.
5. Se difunden fácilmente.

2. Conteste a las siguientes cuestiones, para cada una de las válvulas representadas:

   a. ¿Qué nombre recibe la válvula?
   b. ¿Qué función realiza?
   c. Explique brevemente su funcionamiento.

Figura 1:

   a. Válvula de simultaneidad.
   b. Función lógica tipo 'Y' o función lógica AND.
   c. Su funcionamiento se basa en que el aire comprimido debe entrar simultáneamente por las conexiones izquierda y derecha (conexiones de entrada) para que salga por el orificio superior (conexión de salida). Si ambas entradas reciben aire comprimido a diferente presión, en la salida se obtiene la presión correspondiente a la más baja.

Figura 2:

   a. Válvula de selección.
   b. Función lógica tipo 'O' o función lógica OR.
   c. Su funcionamiento se base en que habrá salida de aire comprimido por el orificio superior (conexión de salida) en el momento en que al menos tenga entrada de aire a presión por alguna de las dos conexiones de entrada, conexión izquierda o conexión derecha. Si entra aire comprimido por las dos entradas a diferente presión, en la salida se obtiene la presión mayor.

3. Indique si las siguientes afirmaciones son verdaderas o falsas.

   a. La falta de ventilación en un compresor y el filtro de aire obstruido pueden ocasionar una temperatura excesiva en la salida del aire comprimido.

       ☑ **Verdadero**
       ☐ Falso

   b. Una posible avería de una válvula de doble pilotaje neumático puede ser que el solenoide esté quemado o sea defectuoso.

       ☐ Verdadero
       ☑ **Falso**

c. Una deficiencia en un actuador lineal se puede deber a que el cuerpo por el que se mueve el émbolo esté gastado o sea defectuoso.

☑ **Verdadero**
☐ Falso

d. Un problema en una válvula reguladora de presión puede deberse a que el muelle interno está roto o engarrotado.

☑ **Verdadero**
☐ Falso

e. Para evitar los problemas del agua condensada en el circuito neumático se deben disponer lubricadores a la salida del compresor.

☐ Verdadero
☑ **Falso**

f. Los problemas de sobrepresión se pueden evitar con un diseño adecuado de la instalación y la colocación de una o más válvulas reguladoras de caudal.

☐ Verdadero
☑ **Falso**

4. Complete las siguientes frases:

a. Los principales sistemas de control **mecánico** son la leva, el resorte, el **rodillo** y el gatillo.

b. Las válvulas de retención, las válvulas de **escape** rápido, las válvulas de **selección** (función lógica 'OR') y las válvulas de simultaneidad (función lógica 'AND') son tipos de válvulas de **bloqueo**

c. En un **compresor** de pistón el movimiento de rotación puede ser obtenido por medio de un **motor** eléctrico o por un motor de **combustión** interna.

d. Una de las ventajas del aire es su **limpieza**, que lo hace especialmente recomendable para industrias de alimentación. Los escapes no producen ningún tipo de **contaminación.**

e. La presión se define como el cociente entre la **superficie** aplicada por unidad de superficie. La unidad de presión en el **Sistema** Internacional es el **Pascal.**

f. El aparato empleado para medir la presión relativa superior a la atmosférica es el **manómetro.** Sin embargo para depresión o **vacío** se emplea el **vacuómetro.**

5. **En una industria alimentaria le suministran el siguiente esquema de montaje neumático:**

  a. Elementos necesarios:

  Elemento 1. Unidad de tratamiento FRL: formada por filtro, regulador de presión y lubricador:

  Elementos 2 y 3. Válvulas de distribución 3/2 N.C. (normalmente cerradas) de accionamiento manual por pulsador y retroceso por muelle.

  Elemento 4. Válvula de distribución 5/2, con doble pilotaje neumático tanto en accionamiento como en retroceso.

  Elementos 5 y 6. Válvulas de control de caudal unidireccionales.

  Elemento 7. Cilindro de doble efecto con vástago simple.

  b. El circuito funciona por un comando indirecto de un cilindro de doble efecto, a través de una válvula de vías de doble piloto neumático. Esta válvula se acciona tras el envío de caudal de aire que proviene de dos válvulas distribuidoras de accionamiento manual. La velocidad de avance y retroceso del cilindro se puede regular a través de los reguladores de caudal unidireccionales situados antes de la entrada del aire comprimido a las dos cámaras.

Solucionario Capítulo 2

1. Complete la siguiente tabla, indicando las propiedades deseables de todo fluido hidráulico.

1. Adecuada viscosidad
2. Estabilidad química
3. Elevado punto de inflamación
4. Buen poder lubricante
5. Adecuada compresibilidad
6. Baja tendencia a producir espuma
7. Mínima toxicidad
8. Grado de acidez adecuado

2. Conteste a las siguientes cuestiones, para cada uno de los elementos representados:

   a. ¿Qué nombre recibe cada uno de los elementos representados?
   b. ¿Qué función realiza dentro del sistema?

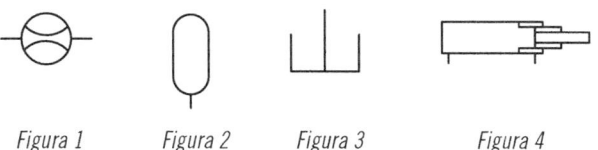

Figura 1   Figura 2   Figura 3   Figura 4

   a. Denominación de los elementos
   Figura 1. Rotámetro
   Figura 2. Acumulador
   Figura 3. Tanque con conducto que desemboca por debajo del nivel del fluido
   Figura 4. Cilindro actuador telescópico de doble efecto

b. Función dentro del circuito:

Figura 1. Rotámetro: su función es la de medir el caudal de líquido que están circulando por la tubería donde se instala.

Figura 2. Acumulador: su función es la de almacenar el fluido hidráulico a cierta presión por medio de una fuerza externa.

Figura 3. Tanque: su función es la de almacenar, a presión atmosférica, el fluido hidráulico que no está siendo usado por el sistema. Además de funcionar como un contenedor de fluido. Un tanque también sirve para enfriar el fluido, permitir el asentamiento de los contaminantes y propiciar el escape del aire retenido

Figura 4. Cilindro actuador telescópico de doble efecto: su función es la de transformar la energía que proviene del fluido hidráulico en un movimiento lineal. Los cilindros telescópicos se emplean cuando se quiere alcanzar grandes longitudes o cuando no hay espacio suficiente para colocar un cilindro de dimensiones estandarizadas

3. Indique si las siguientes afirmaciones son verdaderas o falsas.

a. Los principales contaminantes de un aceite hidráulico que reducen la vida útil del sistema son: agua, ácidos, fibras y partículas, como polvo o restos de pintura.

☑ **Verdadero**
□ Falso

b. Los principales accionamientos mecánicos de válvulas son: por leva, muelle, rodillo y palanca.

□ Verdadero
☑ **Falso**

c. Los actuadores hidráulicos pueden ser lineales, donde se incluyen las distintas tipologías de cilindros, y rotativos, donde se incluyen las bombas hidráulicas.

□ Verdadero
☑ **Falso**

d. Los elementos para filtrar las partículas de gran tamaño en los sistemas hidráulicos se denominan tamices.

☑ **Verdadero**
☐ Falso

e. La ley de continuidad de los líquidos indica que para una sección variable de tubería la presión se mantiene constante, o lo que es lo mismo, no hay perdidas de carga.

☐ Verdadero
☑ **Falso**

f. El problema de sobrecalentamiento en un circuito hidráulico se puede deber a que el nivel de líquido en el tanque es bajo, a la obstrucción del filtro o a problemas en la válvula de seguridad, entre otros motivos.

☑ **Verdadero**
☐ Falso

4. **Complete las siguientes frases:**

a. Los tipos de control se pueden clasificar en control **directo,** si el órgano de mando está en la misma válvula, y en control **indirecto,** si el gobierno está separado físicamente de la **válvula.**

b. Un **relé** es un dispositivo electromecánico que funciona como interruptor controlado por un circuito **eléctrico.** Es muy empleado en el **control** indirecto de electroválvulas.

c. Las válvulas de control se clasifican en válvulas de vías, válvulas de **bloqueo,** reguladoras de presión, reguladoras de **caudal** y válvulas de **cierre.**

d. Una válvula **distribuidora** 3/2 N.C indica que está formada por tres **vías** u orificios, tiene 2 **posiciones** y está normalmente cerrada.

e. Una bomba de **lóbulos** es una bomba rotativa, donde las **ruedas** dentadas han sido sustituidas por lóbulos anchos **redondeados.**

f. La **magnitud** que relaciona la masa de un líquido con su volumen se conoce con el nombre de **densidad.** El valor de dicha magnitud para el agua en condiciones normales es de **1000** kg/ m^3.

5. En una empresa industrial tenemos que montar el siguiente circuito hidráulico:

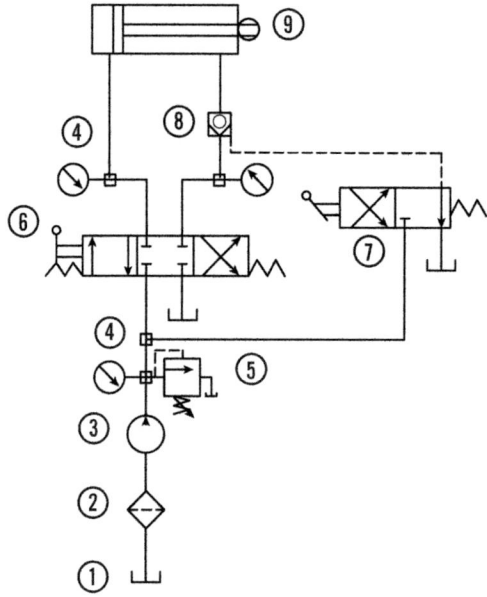

a. Elementos necesarios:

Elemento 1. Tanque de alimentación.

Elementos 2. Filtro.

Elemento 3. Bomba hidráulica simple con desplazamiento fijo.

Elemento 4. Manómetro.

Elemento 5. Válvula de seguridad reguladora de presión.

Elemento 6. Válvula distribuidora 4/3, de accionamiento por palanca y retorno a posición central de reposo (todas las vías cerradas) por muelle.

Elemento 7. Válvula distribuidora 4/2, de accionamiento por palanca y retorno por muelle.

Elemento 8. Válvula de retención pilotada para abrir.

Elemento 9. Cilindro actuador de doble efecto.

b. Funcionamiento:

Con el circuito de la figura se permite el bloqueo simple de un cilindro de doble efecto a través de una válvula de retención pilotada para abrir. Cuando la válvula distribuidora 7, que comanda la válvula de retención pilotada, se encuentra sin activar, no se permite la salida de fluido hidráulico del cilindro y, por tanto, aunque la válvula distribuidora 6 mande fluido para el avance del cilindro, esté no se producirá por el bloqueo que impone la válvula de retención a la salida del mismo.

En caso contrario, si la válvula distribuidora 7 está activa, se consigue desbloquear el bloqueo del cilindro en la dirección de avance y el gobierno del cilindro pasa a depender enteramente de la válvula distribuidora 6, que permitirá o no el paso del fluido a presión desde el tanque hasta el actuador, dependiendo de la posición en la que se encuentre la palanca de activación.

Cabe resaltar que el retroceso del cilindro no se puede bloquear por la acción de la válvula distribuidora 7. Solamente se consigue el bloqueo del avance del actuador, en este caso concreto el avance de la prensa industrial.

Solucionario Capítulo 3

1. ¿Qué es el marcado CE?

Es la denominación que recibe en el marco de la Unión Europea, la maquinaria que se ha fabricado siguiendo unos requisitos que garanticen la seguridad y la salud de las personas.

2. Indique al menos cuatro medidas de prevención ante los riesgos de golpeo y corte con objetos, herramientas y material de montaje.

I Mantener siempre la limpieza y el orden del puesto de trabajo.
I Usar las herramientas adecuadas y mantenerlas en buen estado de conservación.
I Utilizar los equipos de protección adecuados al riesgo que entraña la actividad (cascos, guantes, botas de protección, etc.).
I Garantizar una adecuada iluminación de la zona de trabajo.

3. Enumere los tipos de redes de aire comprimido, indicando las principales ventajas de cada una de ellas.

I Redes ramificadas o abiertas. Red económica, presenta la posibilidad de dotar a las tuberías con una cierta pendiente para favorecer la eliminación de la posible agua condensada.
I Red mallada o cerrada. Buen reparto de caudal de aire. Ante posibles fallos o averías en una malla es factible la continuidad del servicio en el resto de la red.
I Red mixta. Aprovecha las ventajas de las dos redes anteriores.

4. ¿Cuáles son los principales diámetros normalizados de las conducciones usadas en hidráulica y neumática?

I Tuberías de plástico, medidas en milímetros: 10, 12, 16, 20, 25, 32, 40, 50, 63, 75, 90, 110 y 125 mm.
I Tuberías metálicas, medidas en pulgadas: 1/8", 1/4", 3/8", 1/2", 3/4", 1", 1 1/4", 1 1/2", 2, 2 1/2" y 3, 4.

5. **Indique cinco tipos de sujeciones. ¿Para qué elementos se suele emplear fundamentalmente cada una de ellas?**

I Sujeciones por tornillos: para elementos pesados, tipo actuadores.
I Montaje en rail DIN: son muy utilizados para la sujeción de válvulas.
I Grapa de fijación: para la fijación de conducciones a paramentos
I Abrazadera de sujeción: para la fijación de conducciones a perfiles metálicos.
I Regleta de sujeción: para la sujeción y separación de conductos entre sí.

6. **Indique qué tipos de sensores se utilizan para la introducción de magnitudes de control como: presión, luz, presencia y temperatura.**

I Presión: sensores piezoeléctricos y de membrana.
I Luz: fotorresistencia, célula fotoeléctrica, fototransistor y fotodiodo.
I Presencia: sensores inductivos, capacitivos, y ópticos.
I Temperatura: termopar, termistor NTC, y termistor PTC.

7. **¿Qué es una llave dinamométrica, para qué se emplea y qué tipologías existen?**

La llave dinamométrica, también conocida como llave de torsión, es una herramienta manual que se utiliza para ajustar la fuerza de apriete suministrada a los elementos roscados. Existen diferentes tipos de llaves dinamométricas, como las de salto, las de reloj o las digitales.

8. **¿Qué EPI se emplean para la protección del oído, atendiendo al nivel de ruido de la zona de trabajo?**

I Tapones auditivos: para niveles molestos de ruido bajos.
I Orejeras: para niveles de molestia de ruido intermedios.
I Cascos antirruido: para niveles muy altos de ruido.

9. **Indique diferentes tipos de equipos de protección anticaídas a distintos nivel, tanto individuales como colectivos.**

I Equipos colectivos: andamios tubulares, andamios de borriquetas, andamios colgantes y andamios móviles mecánicos.
I Equipos individuales: arneses de seguridad, cinturones anticaídas y equipos con freno absorbentes de la energía cinética.

10. Enumere cuatro medidas de prevención ante el riesgo eléctrico.

- Realizar las labores de montaje y reparación de elementos eléctricos, como las electroválvulas, siempre sin tensión eléctrica.
- Uso de herramientas y protecciones personales con aislamiento eléctrico.
- Prevención de los contactos indirectos por la puesta a tierra de los elementos de la instalación y la colocación de interruptores diferenciales.
- Señalización de la zona con riesgo de contacto eléctrico.

Sistemas de control integrados en bienes de equipo y maquinaria industrial y elaboración de la documentación técnica

Solucionario Capítulo 1

1. El número binario 10110101, convertido a decimal, es:

    a. 180
    b. 191
    c. 181
    d. 1180

2. De las siguientes frases, indique cuál es verdadera o falsa.

    a. Una puerta NAND está formada por una puerta AND y un inversor NOT en su salida.

        ☑ **Verdadero**
        ☐ Falso

    b. La síntesis de un circuito lógico consiste en la determinación de la tabla de verdad de dicho circuito y de la expresión lógica de su salida.

        ☐ Verdadero
        ☑ **Falso**

    c. El análisis de un circuito lógico consiste en la determinación de la tabla de verdad de dicho circuito y de la expresión lógica de su salida.

        ☑ **Verdadero**
        ☐ Falso

    d. Una puerta lógica es un dispositivo electrónico que permite realizar una función lógica.

        ☑ **Verdadero**
        ☐ Falso

3. **Complete la siguiente oración.**

En los sistemas **combinacionales** el valor de la **salida** depende en todo momento de los valores binarios que adopten las **entradas**.

En los sistemas **secuenciales** el valor de la **salida** depende de las **entradas** en ese mismo instante y en instantes **anteriores**. Necesitan, por tanto, algún tipo de **memoria** que les permita almacenar el valor de las entradas en los instantes anteriores.

4. **Relacione los siguientes elementos.**

    a. Elemento de control de movimiento/presencia.
    b. Elemento de conexión.
    c. Elemento de protección.
    d. Motor

    b. Interruptor de carga.
    d. Motor asíncrono trifásico.
    a. Detector fotoeléctrico.
    c. Relé térmico.

5. **Señale la opción incorrecta respecto a los arrancadores y variadores de velocidad electrónicos.**

    a. Tienen protección integrada.
    b. No pueden controlar la aceleración.
    c. Pueden realizar la inversión del sentido de marcha.
    d. Es posible la regulación de la velocidad.

6. **Señale la opción incorrecta respecto al arranque directo de un motor.**

    a. La intensidad en el arranque es siempre inferior en un arranque directo que en un arranque estrella-triángulo.
    b. Se puede realizar cuando el motor no requiere un aumento progresivo de velocidad.

c. Se puede realizar si el motor está dotado de algún dispositivo mecánico que impida el arranque brusco.
d. Se realiza con motores de baja potencia con respecto a la de la red.

7. **Un motor tarda en arrancar 15 segundos, por lo que para protegerlo contra sobre-cargas seleccionaremos un relé térmico...**

a. ... de clase 10.
b. **... de clase 20.**
c. ... de clase 30.

8. **Relacione los siguientes elementos.**

a. Vacuostato.
b. Interruptor de posición.
c. Codificador óptico rotativo.
d. Detector fotoeléctrico.

d. Ausencia/presencia.
c. Posición angular.
b. Fin de carrera.
a. Presión.

9. **Señale la opción incorrecta respecto al codificador óptico rotativo.**

a. Son óptimos para controlar un gran número de posiciones.
b. Pueden ser incrementales o absolutos.
c. Su eje gira solidariamente con el eje de la máquina a controlar.
d. **Los absolutos solo tienen un par emisor-receptor.**

10. **¿Cuál es la razón principal del empleo de símbolos normalizados para representar los elementos electrotécnicos?**

Eliminar todo riesgo de confusión y facilitar el estudio, la puesta en servicio y el mantenimiento de las instalaciones.

Solucionario Capítulo 2

1. Señale la opción incorrecta respecto a los inconvenientes de los automatismos cableados complejos.

   a. Ocupan un gran espacio.
   b. Son fáciles de mantener, ya que sus esquemas son sencillos.
   c. Su modificación implica gran dificultad, originando el desmontaje de gran parte del automatismo.
   d. Son difíciles de mantener, ya que los esquemas se vuelven muy complicados de interpretar.

2. De los siguientes componentes, señale el que no es una parte de un autómata programable compacto.

   a. Módulos de Entrada/Salida.
   b. Procesador o Unidad Central CPU).
   c. Fuente de Alimentación.
   d. Consola de Programación.

3. Los fallos que suponen una parada total del autómata y que necesitan de un rearranque en frío son:

   a. Fallos sin bloqueo del autómata.
   b. Fallos con bloqueo del autómata.
   c. Fallos de la CPU.

4. De las siguientes frases, indique cuál es verdadera o falsa.

   a. Todos los autómatas programables funcionan con la misma tensión de alimentación.

   ☐ Verdadero
   ☑ **Falso**

b. Los componentes internos de un autómata programable están interconectados mediante cableados denominados buses.

☑ **Verdadero**
☐ Falso

c. El bloque de visualización permite comunicarse con el autómata durante su puesta en marcha, funcionamiento, diagnóstico y mantenimiento.

☑ **Verdadero**
☐ Falso

d. Los módulos de Entradas/Salidas son los elementos encargados de unir los procesos de la planta con la CPU del autómata.

☑ **Verdadero**
☐ Falso

5. **Complete la siguiente oración, utilizando las palabras siguientes: operaciones, programa, procesador, instrucciones.**

El **programa** de control es una serie ordenada de **instrucciones** elementales que indican las **operaciones** sucesivas a ejecutar por el **procesador,** y describe el funcionamiento que realizará el sistema a controlar.

6. **Relacione los siguientes elementos.**

a. Entrada
b. Salida
c. Sistema
d. Temporizador

d. %TM0
b. %Q2.7
c. %S0
a. %I1.0

7. Señale las dos opciones incorrectas respecto al sentido de circulación de la corriente al ejecutarse un programa en lenguaje de contactos (LD).

    a. Para los enlaces horizontales, es de izquierda a la derecha.
    b. Para los enlaces verticales, de arriba hacia abajo.
    c. Para los enlaces verticales, en ambos sentidos.
    d. Para los enlaces horizontales, es de derecha a izquierda.

8. El lenguaje de programación que mejor describe gráficamente el funcionamiento secuencial de un automatismo es:

    a. El Lenguaje de Contactos (LD).
    b. El lenguaje Lista de Instrucciones (IL).
    c. El lenguaje GRAFCET.
    d. El lenguaje literal estructurado (ST).

9. De las siguientes frases, referidas a las herramientas del mantenedor de sistemas automáticos, indique cuál es verdadera o falsa.

    a. Es conveniente que los destornilladores sean de seguridad, con mango y vástago aislante.

        ☑ **Verdadero**
        ☐ Falso

    b. El multímetro permite realizar medidas en corriente alterna y continua.

        ☑ **Verdadero**
        ☐ Falso

    c. El pelacables es un alicate especial para quitar el aislamiento del cable sin dañar el conductor, al que se le puede regular su profundidad de corte.

        ☑ **Verdadero**
        ☐ Falso

    d. No es necesario realizar ningún mantenimiento en las herramientas.

        ☐ Verdadero
        ☑ **Falso**

10. La primera fase a realizar para la puesta en marcha y verificación de un automatismo es:

    a. La verificación de la alimentación eléctrica.

    b. La verificación sin la alimentación eléctrica.

    c. La verificación sin piezas o material de trabajo.

    d. La verificación de la configuración del autómata.

Solucionario Capítulo 3

1. ¿Cómo se denomina al mantenimiento consistente en la programación de las intervenciones o cambios de algunos componentes según periodos predeterminados de
tiempo o espacios regulares?

    a. Mantenimiento correctivo.
    b. Mantenimiento preventivo.
    c. Mantenimiento predictivo.
    d. Mantenimiento legal.

2. De las siguientes frases, indique cuál es verdadera o falsa.

    a. La documentación más importante que debe manejar el equipo de mante-
nimiento es el 'Libro de Mantenimiento'.

        ☑ **Verdadero**
        ☐ Falso

    b. El 'Libro de Características' recoge, entre otros datos, las instrucciones
para detener la maquinaria adecuadamente.

        ☐ Verdadero
        ☑ **Falso**

    c. No es necesario tener documentación acerca de las herramientas necesarias
para el reglaje, preparación y puesta en marcha inicial de la instalación.

        ☐ Verdadero
        ☑ **Falso**

    d. Siempre que se realiza un proyecto de automatización, la documentación
técnica que lo acompaña debe informar acerca del montaje, el funcionamiento y el mantenimiento del sistema.

        ☑ **Verdadero**
        ☐ Falso

3. **Complete la siguiente oración.**

Un **Plan** o **Programa** de Mantenimiento es la planificación en el tiempo de todas las tareas de mantenimiento **preventivo, predictivo y legal**, que recoge el **personal**, el **tiempo** estimado de las tareas y las **herramientas** adecuadas a emplear.

4. **¿Cómo se denominan a los manuales del fabricante que informan acerca de cómo realizar el correcto mantenimiento de un componente, incluyendo instrucciones de reparación, planos de conjunto y despiece, herramientas y productos aconsejados en las operaciones de mantenimiento?**

   a. Manuales de uso u operación.
   b. **Manuales de servicio y mantenimiento.**
   c. Manuales de puesta en marcha.
   d. Manuales de programación.

5. **¿Cómo se denomina al documento de control de los trabajos de mantenimiento llevados a cabo por los mantenedores?**

   a. Historial de mantenimiento.
   b. Solicitud de mantenimiento correctivo.
   c. Programa de mantenimiento.
   d. **Orden de trabajo de mantenimiento.**

6. **La primera acción a realizar en el mantenimiento de sistemas en lógica cableada o programada es:**

   a. Seleccionar el sistema de reparación.
   b. Controlar y revisar metódicamente cada parte.
   c. **Estudiar detenidamente el esquema.**
   d. Rellenar los datos de la orden de trabajo de mantenimiento.

7. **De las siguientes frases, indique cuál es verdadera o falsa.**

   a. Los mantenedores nunca colaborarán en las fases de instalación y puesta en marcha de las instalaciones.

      ☐ Verdadero
      ☑ **Falso**

   b. Los programas informáticos GMAO de gestión del mantenimiento son muy versátiles y potentes, por lo que están indicados especialmente para grandes complejos industriales.

      ☑ **Verdadero**
      ☐ Falso

   c. No es necesario observar los avisos de seguridad durante los trabajos de mantenimiento.

      ☐ Verdadero
      ☑ **Falso**

   d. Cada máquina o componente tiene unos periodos de mantenimiento diferentes, y están especificados por su fabricante.

      ☑ **Verdadero**
      ☐ Falso

8. **Señale las dos opciones incorrectas respecto al referenciado de la conexiones de los componentes en los esquemas.**

   a. **La referencia de los contactos principales de los componentes tripolares de gran calibre constará de una solo de cifra por conexión (de 1 a 8).**
   b. La referencia de los contactos principales de los componentes tetrapolares de gran calibre constará de una solo de cifra por conexión (de 1 a 8).
   c. La bobina de control con dos devanados de un contactor se marcará A1 y A2, B1 y B2.
   d. **Las referencias de las bornas de los contactos auxiliares están formadas por una sola cifra.**

9. **La primera prueba a realizar ante un error detectado en un autómata es:**

      a. La comprobación de la fuente de alimentación del autómata.
      b. La comprobación de un autómata ante un error fatal.
      c. La prueba principal del autómata.
      d. El chequeo de las condiciones ambientales del autómata.

10. **¿Para qué es necesario realizar un 'Plan de Operaciones de Desmontaje y Montaje'?**

Los sistemas automatizados suelen ser complejos y constar de muchos elementos, por lo que si bien podremos realizar sin problemas el desmontaje de los elementos, no será tan sencillo recomponer el sistema sin unas buenas notas realizadas antes del desmontaje o en el transcurso del mismo.

Montaje y puesta en marcha de sistemas robóticos y sistemas de visión en bienes de equipo y maquinaria industrial

Solucionario Capítulo 1

1. **Indique si las siguientes afirmaciones son verdaderas o falsas.**

   a. La automatización con base de tecnologías mecánicas es la más moderna desarrollada por el hombre.

   ☐ Verdadero
   ☑ **Falso**

   b. La época de esplendor de los autómatas llegó en el siglo XVIII, cuando los consiguientes avances en materia de relojería logran los mejores y más perfectos autómatas de la historia.

   ☑ **Verdadero**
   ☐ Falso

   c. La tecnología electrónica presenta la principal diferencia en que no responde, a diferencia del resto de tecnologías, a una lógica cableada, sino que se basa en una lógica programada.

   ☑ **Verdadero**
   ☐ Falso

   d. La tecnología neumática es una automatización compleja en cuanto a mecanismos, además de que supone un alto coste.

   ☐ Verdadero
   ☑ **Falso**

   e. Con la automatización se logra el reemplazo de operadores humanos en tareas repetitivas, de alto riesgo o que se encuentran fuera de sus posibilidades.

   ☑ **Verdadero**
   ☐ Falso

2. Complete el siguiente texto:

La automatización industrial describe una amplia variedad de sistemas en los que existe una **sustitución** en un proceso del **operador humano,** su esfuerzo e **inteligencia,** por dispositivos eléctricos, mecánicos, neumáticos, informáticos, etc.

3. Enumere al menos ocho funciones o aplicaciones reales distintas de las líneas automáticas.

I Procesos propios de manufactura.
I Operaciones de pintado a presión, lacado y barnizado.
I Inspección con sistemas de visión artificial.
I Montaje y ensamble.
I Operaciones de empaquetado y embasado.
I Industria del automóvil.
I Plantas químicas y petroquímicas.
I Máquinas herramientas automatizadas y de control numérico.

4. Relacione los siguientes términos:

a. Máquinas de control numérico.
b. Autómatas programables.
c. Computadores industriales.
d. Controladores de procesos continuos.
e. Sistemas CAD-CAM.
f. Robots industriales.
g. Sistemas de manipulación de elementos.

d. El producto final está constituido por un material que fluye de forma continua.
a. Son sistemas electrónicos programables que controlan los movimientos de un conjunto máquina-herramienta.
f. Manipulador automático servocontrolado, reprogramable, polivalente, capaz de posicionar y orientar piezas, útiles o dispositivos especiales, siguiendo trayectoria variables para la ejecución de tareas variadas.
g. Sistemas electromecánicos capaces de transportar elementos que constituyen productos o subproductos de un proceso de fabricación.
e. Computadores que ejecutan un conjunto de programas que automatizan y simplifican tareas como: diseño asistido por computador, simulación, etc.
b. Están diseñados para controlar, en tiempo real y en ambiente industrial, procesos combinacionales y secuenciales de gran complejidad.

c. Están constituidos por un computador de propósito general adecuadamente diseñado y montado para poder trabajar en el entorno de un proceso industrial.

5. **Cada una de las siguientes imágenes se corresponde con una topología de líneas de producción automática. Relacione cada imagen con su topología.**

   a. En línea.
   b. En línea divida en segmentos.
   c. Rotacional o circular.

b) En línea dividida en segmentos   c) Rotacional o circular

a) En línea

6. Relacione cada topología de red con su nombre:

    a. Mixta.
    b. Doble anillo.
    c. Estrella.
    d. Totalmente conexa.
    e. Malla.
    f. Anillo.
    g. Bus.
    h. Árbol.

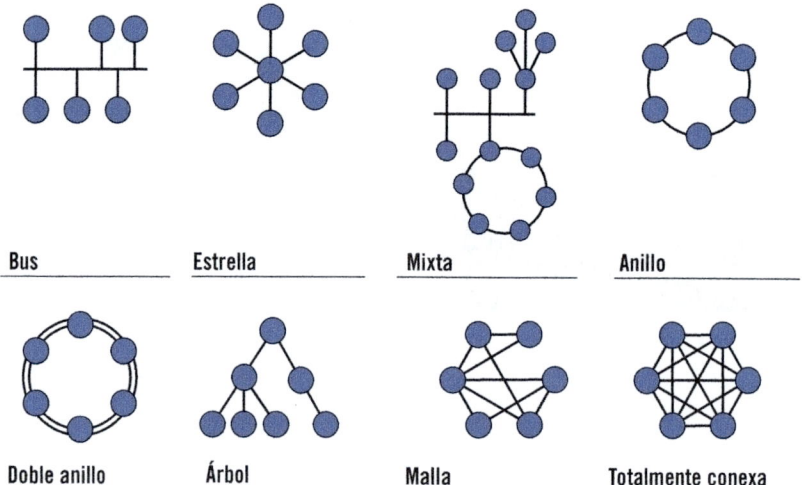

Bus	Estrella	Mixta	Anillo
Doble anillo	Árbol	Malla	Totalmente conexa

7. En el siguiente esquema conceptual de la configuración interna de un sistema automático faltan algunos términos. Complételo.

Sensor-Procesador-Actuador

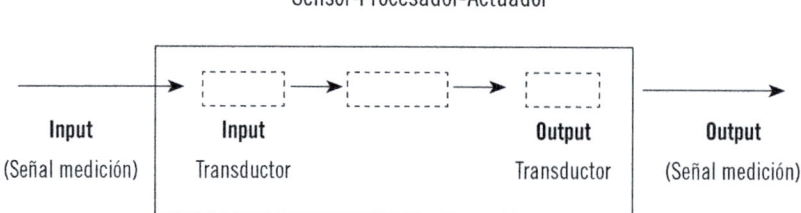

Input	Input	Output	Output
(Señal medición)	Transductor	Transductor	(Señal medición)

Solucionario Capítulo 2

1. **Indique si las siguientes afirmaciones son verdaderas o falsas.**

    a. La automatización fija es aquella que se implanta cuando los volúmenes y capacidades de producción y fabricación son considerablemente pequeños.

        ☐ Verdadero
        ☑ **Falso**

    b. La gobernabilidad o manejabilidad define la capacidad que caracteriza a un robot para mandar en el mundo y controlarlo.

        ☐ Verdadero
        ☑ **Falso**

    c. Los androides son robots que intentan reproducir la forma y los movimientos del ser humano. En la actualidad son poco evolucionados y con poca utilidad práctica.

        ☑ **Verdadero**
        ☐ Falso

    d. Los sistemas integrados de la producción (CIM) vienen referidos exclusivamente a la tecnología neumática y procedimientos de manipulación de piezas.

        ☐ Verdadero
        ☑ **Falso**

    e. En los sistemas y células de fabricación flexible con disposición mixta existen elementos o máquinas flexibles conectadas en serie y en paralelo.

        ☑ **Verdadero**
        ☐ Falso

    f. En el nivel de proceso (nivel 0) se adquieren datos del proceso mediante sensores situados en él y se actúa mediante actuadores.

        ☑ **Verdadero**
        ☐ Falso

2. **Rellene con los términos que faltan.**

Un sistema de fabricación flexible es un grupo de **máquinas-herramientas** de control numérico enlazadas entre sí mediante un **sistema de transporte de piezas** común y un **sistema de control** centralizado.

3. **Enumere al menos seis tipos distintos de robots teniendo en cuenta los campos de aplicación:**

Industriales y manipuladores, robots móviles, prótesis robóticas, manos teledirigidas, instalaciones robotizadas inteligentes, androides, zoomórficos y nanorrobots.

4. **Relacione los siguientes términos:**

   a. Célula de fabricación flexible.
   b. Línea de fabricación flexible.
   c. Autonomía.
   d. Polivalencia.
   e. Precisión.
   f. Repetitividad.
   g. Resolución

   b. Está formada por un conjunto de células de fabricación flexible relacionadas entre sí mediante un sistema de transporte de piezas adecuadamente identificadas.
   f. Medida de la variación de posición en una serie de intentos para posicionar el manipulador en una posición fija.
   c. Es la facultad de autogobierno del mismo y la facultad para toma de decisiones.
   g. Es el mínimo incremento que puede aceptar la unidad de control de un proceso industrial.
   d. Es la capacidad del robot para ejecutar con eficacia tareas más o menos diferentes.
   e. Es la capacidad del robot para moverse a una posición comandada a una velocidad especificada en su área de trabajo establecida.
   a. Consiste en un conjunto de máquinas-herramienta capaces de mecanizar totalmente una cierta categoría de piezas y realizar el control de calidad sobre ellas.

5. Cada una de las siguientes imágenes se corresponde con un tipo de sujeción de un manipulador robótico. Asocie cada nombre con su fotografía:

    a. Pinza con tres puntos de agarre.
    b. Pinza pivotante.
    c. Pinza de movimiento lineal.

a) Pinza con tres puntos de agarre   b) Pinza pivotante

c) Pinza de movimiento lineal

6. Relacione cada tipología de robot con su nombre:

    a. Robot cartesiano.
    b. Robot cilíndrico.
    c. Robot esférico o polar.
    d. Robot scara.
    e. Robot antropomórfico.

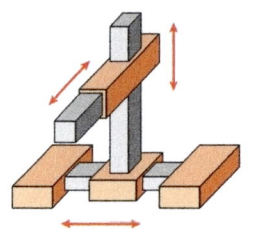

a) Robot cartesiano

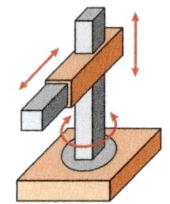

b) Robot cilíndrico

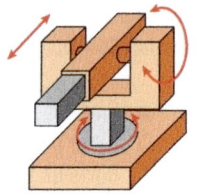

e) Robot esférico o polar

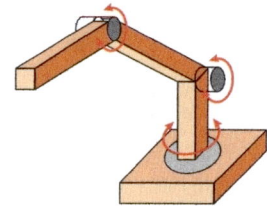

c) Robot antropomórfico

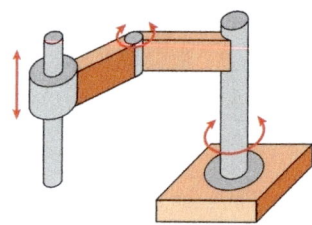

d) Robot scara

7. En la siguiente tabla se recogen algunos de los principales sistemas de sujeción de manipuladores robóticos. Complétela:

SISTEMAS DE SUJECIÓN TERMINALES PARA ROBOTS Y MANIPULADORES

Tipo	Accionamiento	Uso
Pinza de presión - desplazamiento angular - desplazamiento lineal	Neumático, hidráulico o eléctrico	**Transporte y manipulación de piezas sobre las que no importe presionar**
Pinza de enganche	**Neumático o eléctrico**	Piezas de grandes dimensiones que no permiten ser agarradas externamente.
Electroimán	Eléctrico	Piezas ferromagnéticas.

8. Dibuje los grados de libertad de los siguientes brazos robóticos:

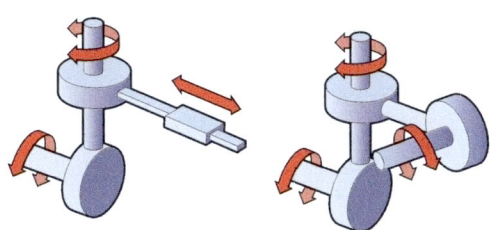

Solucionario Capítulo 3

1. Señale si las siguientes afirmaciones son verdaderas o falsas.

   a. Un programa está formado por un conjunto de instrucciones que ejecuta una unidad de control con la finalidad realizar una actividad en un sistema automatizado.

      ☑ **Verdadero**
      ☐ Falso

   b. Las programaciones de todos los autómatas programables, sean del fabricante que sean, utilizan el mismo código, tienen igual programación y también son programas que pueden implementarse en PC industriales y robots.

      ☐ Verdadero
      ☑ **Falso**

   c. Actualmente no existe normalización en relación a los procedimientos de programación de robots, y cada uno de los fabricantes desarrolla un método propio y particular, el cual es válido solamente para sus propios robots.

      ☑ **Verdadero**
      ☐ Falso

   d. Las tres puertas lógicas básicas que nos sirven para definir cualquier circuito combinacional son las puertas OR, AND y NOT.

      ☑ **Verdadero**
      ☐ Falso

   e. Programar un robot consiste en indicar paso por paso las diferentes acciones (moverse a un punto, abrir o cerrar la pinza, etc.) que este deberá realizar durante su funcionamiento.

      ☑ **Verdadero**
      ☐ Falso

f. Los autómatas programables y los PC industriales son sistemas de control analógico, donde las señales discretas (valores digitales) que recogen los sensores han de transformarse en señales analógicas para ser procesadas.

☑ **Verdadero**
☐ Falso

2. **Complete el siguiente texto:**

Control combinacional. Son aquellos sistemas digitales en el que sus **salidas dependen únicamente del valor de las entradas**, es decir, **función exclusiva** del valor de sus entradas, **sin que intervengan** en ningún caso **valores memorizados o estados anteriores** de las entradas o salidas.

Control secuencial. Son aquellos sistemas digitales en los que **sus salidas no dependen exclusivamente de los valores de las entradas**, sino que también dependen de valores memorizados del estado anterior o estado interno.

3. **Enumere las seis características básicas que debe tener un lenguaje de programación ideal. Además enumere las cuatro características adicionales que completan el lenguaje de robótica ideal: menos ocho funciones o aplicaciones reales distintas de las líneas automáticas:**

1. Claridad y sencillez.
2. Claridad de la estructura del programa.
3. Sencillez de aplicación.
4. Facilidad de ampliación.
5. Facilidad de corrección y mantenimiento.
6. Eficacia.

1. Transportabilidad sobre cualquier equipo mecánico o informático.
2. Adaptabilidad a sensores (tacto, visión, etc.).
3. Posibilidad de describir cualquier herramienta acoplable.
4. Interacción con otros sistemas.

4. **Relacione los siguientes términos.**

a. Guiado pasivo.
b. Guiado activo.

c. Guiado por texto.

d. Guiado a nivel tarea u objetivo.

e. Guiado a nivel de objeto.

f. Guiado a nivel de robot.

b. Trabaja con el robot conectado y efectúa los movimientos del robot desde un puesto de control y mando (botoneras, joystick, tabletas digitalizadotas, etc.).

d. El programa se reduce a una única sentencia o expresión que especifica lo que debe hacer el robot. No se especifica cómo debe realizar dicha operación.

a. Con el robot desconectado el operario se encarga de situar en las posiciones deseadas y de dirigir sus movimientos por las ubicaciones y trayectorias deseadas.

f. En el programa es necesario detallar todos los movimientos elementales que debe efectuar el robot para realizar la tarea. Las instrucciones se dan en listas o secuencias de código que recogen las operaciones y los objetos a manejar.

c. Se editan órdenes mediante un lenguaje de alto nivel. Dicha edición se realiza gracias a un editor de programas en el que las instrucciones indican las acciones que debe realizar el robot.

e. El programa, además de indicar las operaciones a realizar por parte del robot, a este se le ordena cómo hacerlas.

5. **Relaciones los siguientes términos.**

a. AS-i

b. Modbus

c. Profibus – Variedad PA

d. Profibus – Variedad DP

e. Profibus – Variedad FMS

f. Profibus

a. Bus de campo orientado al nivel más bajo, por tanto, encaminado al control y comunicación de sensores y actuadores.

c. Diseñada para la automatización de procesos industriales.

d. Optimizado para altas velocidades.

f. Es el sistema de comunicación más empleado dentro de los buses de campo.

e. Permite soluciones a nivel de célula aportando gran flexibilidad.

b. Es el protocolo que goza de mayor disponibilidad de conexiones para dispositivos industriales y permite combinar el puerto serie y Ethernet.

6. **Enumere las seis tareas fundamentales que desarrolla un sistema SCADA:**

   I Adquisición de datos.
   I Supervisión.
   I Control.
   I Transmisión.
   I Gestión de base de datos.
   I Presentación.

7. **Complete el siguiente texto:**

   Para llevar a cabo una correcta simulación debemos de hacer uso de modelos que **actúen y respondan** ante estímulos **de manera similar a los modelos que imitan.**

8. **En el programa de simulación COSIMIR nos encontramos con tres posibilidades para mover el robot. Seleccione cada imagen con su tipología y su funcionamiento:**

   a. XYZ Jog (Movimientos en modo WORLD).
   b. JOINT jog (Movimientos eje a eje).
   c. TOOL jog (Movimientos con el TPC como base).

A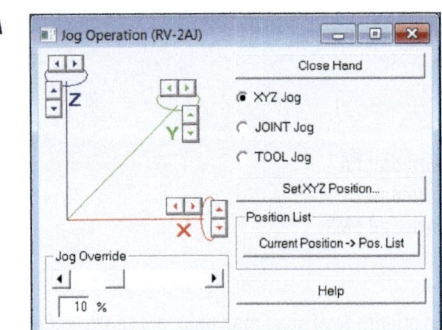

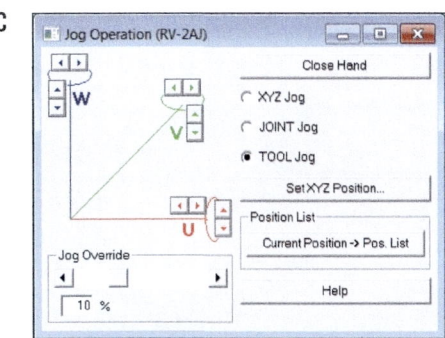

<u>c.</u> Nos permite modificar la posición del robot teniendo como centro de coordenadas la herramienta.

<u>b.</u> Nos permite seleccionar una posición absoluta del manipulador (X,Y,Z) en el espacio del manipulador o efector.

<u>a.</u> Nos permite modificar la posición del robot eje a eje.

9. **Relacione cada orden con su instrucción en lenguaje MELFA-BASIC IV:**

a. HCLOSE 1
b. HOPEN 1
c. MOV P2

<u>b.</u> Permite abrir las pinzas y soltar un objeto.

<u>a.</u> Permite cerrar las pinzas y agarrar un objeto.

<u>c.</u> Permite mover el robot a la posición previamente almacenada en memoria llamada P2.

10. Complete el siguiente texto:

Gracias al empleo de técnicas o rutinas de optimización logramos **analizar un conjunto de situaciones que nos podrían surgir** y así poder programar **respuestas adecuadas** ante dichas circunstancias.

Solucionario Capítulo 4

1. **Complete el siguiente texto:**

La visión artificial tiene como objetivo fundamental el análisis de **una imagen o una secuencia de ellas**, de modo que de las mismas se obtengan de manera sistemática **información útil y procesable** que ayude a **la interpretación del entorno** que se desea analizar.

2. **Señale si las siguientes afirmaciones son verdaderas o falsas.**

   a. La visión artificial es empleada cada vez menos en entornos de fabricación y producción.

   ☐ Verdadero
   ☑ **Falso**

   b. Gracias a la visión artificial se permite procesar imágenes, que en sí no tienen ningún significado implícito y que tras su procesado a bajo nivel nos aportan una información muy valiosa a alto nivel.

   ☑ **Verdadero**
   ☐ Falso

   c. Mediante las imágenes visuales logramos una representación icónica o un modelo gráfico del entorno visible, de tal modo que esta escena puede ser analizada y procesada por un sistema de control.

   ☑ **Verdadero**
   ☐ Falso

   d. Las fotocélulas convierten la imagen en una matriz de valores de intensidad y temperatura que dependen del tiempo.

   ☐ Verdadero
   ☑ **Falso**

e. Las imágenes digitales están formadas por matrices de miles de píxeles. Cada uno de estos píxeles se ilumina representando un determinado color dentro de todos los posibles.

    ☑ **Verdadero**
    ☐ Falso

f. Las personas tienen un periodo limitado de atención, y son promiscuas a distracciones, o tienen una determinada sensitividad visual que les hace discernir con subjetividad distintos tonos de color, reflejos, longitudes, etc.

    ☑ **Verdadero**
    ☐ Falso

3. **Relacione los siguientes términos.**

    a. Captación.
    b. Extracción de características.
    c. Instrucciones.
    d. Segmentación.
    e. Preprocesado.
    f. Interpretación de la escena

    d. Tratamiento de la imagen captada mediante las instrucciones aplicadas, con la finalidad de identificar objetos.
    a. Sistema dedicado a la adquisición de imágenes del objeto a inspeccionar.
    c. Conjunto de tecnologías y operaciones a realizar sobre la imagen para resolver el problema de visión artificial.
    f. Sistema dedicado a la generación de una respuesta sobre el entorno en función del resultado obtenido en el procesado previo.
    e. Tratamiento previo que simplifica la imagen a tratar.
    b. Sistema dedicado al reconocimiento de objetos de la imagen, y a la agrupación de zonas de la imagen por características comunes.

4. **Enumere seis tipos distintos de iluminación que puede instalarse en un sistema de visión artificial.**

    1. Direccional.
    2. Difusa.

3. Contraluz.
4. Estroboscópica.
5. Estructurada.
6. Polarizada.

5. **Complete el siguiente texto:**

La binarización o umbralización es un proceso mediante el que se consigue **la reducción de la información hasta el punto** en el que existen solo **dos valores posibles: color blanco o color negro.** Es uno de los métodos más simples y más útiles de segmentación.

6. **En las siguientes imágenes se representan dos procesos de segmentación (concretamente dos procesos de binarización). ¿Sabría reconocerlos?**

   a. **Algoritmo de binarización para búsqueda de contornos.**
   b. **Algoritmo de binarización para detectar un color o material.**

a) Algoritmo de binarización para búsqueda de contornos.

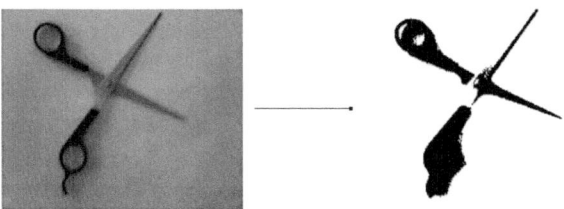

b) Algoritmo de binarización para detectar un color o material.

7. **Relacione las siguientes operaciones sobre imágenes con su objetivo o función:**

   a. Suma de imágenes.
   b. Diferencia de imágenes.
   c. Multiplicación de imágenes.
   d. Operaciones lógicas.
   e. Operaciones geométricas.

   e. Procesos de ampliación, traslación, rotación, espejos o simetrías pueden ayudarnos en las tareas de procesamiento de imágenes.
   b. Se emplea para detectar cambios que se producen entre dos imágenes de una misma escena o para la eliminación de defectos constantes en el sensor, zonas irrelevantes, etc.
   a. Se emplea para reducir los efectos del ruido en varias muestras de una misma escena o para aclarar imágenes (sumando una constante a todos los píxeles).
   d. Pueden realizarse operaciones como AND, OR o XOR entre la imagen y bits de referencia. La operación lógica NOT nos genera la imagen inversa.
   c. Puede emplearse como filtro para el aumento de determinadas frecuencias (trabajo en el dominio de la frecuencia y no del espacio).

8. **Relacione los siguientes términos.**

   a. Cámaras de estado sólido.
   b. Cámaras inteligentes.
   c. Dispositivos CID.
   d. Dispositivos CCD.

   b. También conocidas como cámaras 'Smart', incorporan en su interior el *hardware* y *software* necesario para procesar imágenes de manera autónoma.
   a. La luz se proyecta sobre una superficie de elementos fotosensibles. Estos dispositivos fotosensibles generan una corriente proporcional dependiendo de la intensidad luminosa que se proyecta sobre ellos.
   d. Son dispositivos de acoplo de carga, de modo que al incidir los fotones sobre los condensadores MOS estos generan una carga proporcional que es retenida por cada condensador y luego transferida o leída de forma secuencial.
   c. Son dispositivos de inyección de carga, donde cada elemento puede leerse independientemente y el borrado de cada elemento se produce por la inyección de cargas en el sustrato.

9. **Enumere al menos cinco elementos auxiliares en un sistema de visión artificial.**

   ▌ Conectores y cables.
   ▌ Tarjetas controladoras de tiempo.
   ▌ Amplificadores de señal.
   ▌ Conversores analógico/digital o tarjetas digitalizadoras.
   ▌ Sistemas de sujeción, trípodes y carcasas de protección.

10. **Recoja al menos seis aplicaciones reales distintas de la visión artificial.**

    ▌ Procesos de inspección o control de calidad.
    ▌ Capacidad de realizar tareas de medición y calibración.
    ▌ Áreas de clasificación.
    ▌ Reconocimiento de patrones.
    ▌ Análisis e interpretación de planos.
    ▌ Guiado automático de dispositivos móviles.
    ▌ Análisis biológicos y de poblaciones.
    ▌ Aplicaciones de tipo multimedia interactiva.
    ▌ Aplicaciones médicas.
    ▌ Seguimiento y control de actividades humanas.

 Solucionario Capítulo 5

1. **Enumere los componentes y elementos integrantes habituales de un sistema de visión artificial:**

    1. Cámaras y óptica.
    2. Sistemas de iluminación.
    3. Sensor de posicionamiento.
    4. Tarjeta para la adquisición de imágenes.
    5. Sistema de procesamiento o computador.
    6. Pantalla de visualización o monitor.
    7. Interfaz para las comunicaciones con los equipos externos.

2. **Complete el siguiente texto:**

    El montaje, preparación y puesta en marcha de los equipos de visión artificial es **un proceso complejo que pasa por diferentes fases,** que va desde **selección de equipos** adecuados a **implementación e interconexión** de los mismos, pasando por fases de **programación y regulación.**

3. **Señale si las siguientes afirmaciones son verdaderas o falsas.**

    a. La visión artificial hoy día se desarrolla principalmente en tres campos fundamentales: la industria, la ciencia y la seguridad.

        ☑ **Verdadero**
        ☐ Falso

    b. El conjunto formado por la cámara y la óptica nos facilita la adquisición de la imagen. El elemento sensor receptor será la óptica y las cámaras serán elementos complementarios.

        ☐ Verdadero
        ☑ **Falso**

c. Los sistemas de procesamiento son los cerebros del sistema. Se encargan de recoger la información de las imágenes captadas por los dispositivos de visualización y de procesarlas.

    ☑ **Verdadero**
    ☐ Falso

d. Los dispositivos de visualización son sistemas terminales pasivos que permiten la visualización por parte del operario de las imágenes tratadas y de las decisiones adoptadas.

    ☑ **Verdadero**
    ☐ Falso

e. Un DSP es un microprocesador que realiza el procesamiento de datos de modo muy rápido y con enorme potencia. Actúa en tiempo real y se utiliza en aplicaciones que no toleran retrasos.

    ☑ **Verdadero**
    ☐ Falso

f. El registro de imágenes es un proceso que se encarga de alinear y reorientar dos o más imágenes de una misma escena tomadas en condiciones distintas.

    ☑ **Verdadero**
    ☐ Falso

4. Relacione los siguientes términos que definen los procesos a la hora de registrar imágenes:

    a. Detección de los bordes
    b. Emparejamiento de los bordes
    c. Estimación del modelo de transformación
    d. Transformación e imagen remuestreada

    d. Será el resultado final tras aplicar la función de mapeo y procesos de interpolación.
    a. El reconocimiento de esquinas, bordes, contornos, salientes, etc.

<u>c.</u> La matriz de transformación es calculada mediante algoritmos adecuados.

<u>b.</u> Establecer una correspondencia unívoca entre los bordes detectados en la imagen modificada y la imagen de referencia.

5. **Relacione los siguientes términos:**

a. Montaje sobre la línea.
b. Montaje dentro de la máquina automática.
c. Montaje dentro de la línea.
d. Montaje en estructura cerrada.

<u>b.</u> En esta modalidad el equipo de visión artificial se encaja dentro del sistema.

<u>a.</u> En esta modalidad de montaje el sistema de visión artificial se instala entre la línea de producción y el propio suelo.

<u>d.</u> En esta modalidad de montaje el sistema de visión artificial existe una envolvente que protege el equipo de visión artificial, de modo que este se encuentra fuera del efecto de parámetros ambientales.

<u>c.</u> En esta modalidad el equipo de visión artificial puede ser instalado directamente en cualquier lugar de la línea de producción.

6. **Enumere al menos seis criterios a tener en cuenta para seleccionar un adecuado _software_ de visión artificial.**

∎ Elección de la cámara.
∎ Escalabilidad o modularidad del _hardware._
∎ Facilidad de uso del _software._
∎ Precisión de los algoritmos utilizados.
∎ Rendimiento y velocidad de los algoritmos.
∎ Alianzas e integración con componentes.

7. **Complete el siguiente texto:**

Un histograma es **una de las herramientas de análisis** más habituales dentro de los sistemas de visión artificial: Consiste en una **gráfica de barras que describe y representa el comportamiento** de un conjunto de datos. En el eje vertical se representarán las **frecuencias,** y en el eje horizontal el **nivel de gris** o de cada uno de los colores básicos (rojo, azul, verde). El histograma es **muy utilizado para la selección de umbral.**

8. En las siguientes instantáneas se representan una imagen patrón y dos derivadas de la anterior que han sufrido un proceso de filtrado. Asocie los procesos con cada imagen:

    a. Imagen original.
    b. Proceso de filtrado con un aumento de contraste.
    c. Proceso de filtrado con una reducción de contraste.

b) Proceso de filtrado con un aumento de contraste.

a) Imagen original.

c) Proceso de filtrado con una reducción de contraste.

9. **Enumere las etapas en las que se basa un sistema OCR.**

    1. Digitalización o binarización del texto impreso.
    2. Fragmentación o segmentación de la imagen.
    3. Adelgazamiento de componentes.
    4. Comparación con patrones.

10. **Enumere al menos cinco de los algoritmos más utilizados en sistemas de visión artificial.**

    I Control de presencia / ausencia.
    I Mejorar la calidad de una imagen.
    I Localización de características.
    I Medición de características.
    I Identificación de signos y símbolos.

Solucionario Capítulo 6

1. Señale si las siguientes afirmaciones son verdaderas o falsas:

    a. La adquisición de muestras consistirá en la captura y digitalización de imágenes, que pasarán de un entorno físico a un dominio discreto y virtual.

        ☑ **Verdadero**
        ☐ Falso

    b. En una cámara oscura el dispositivo de captación pasivo está constituido por una caja transparente al exterior que permite la entrada de toda la luz, que es captada en una de sus paredes que es de color oscuro.

        ☐ Verdadero
        ☑ **Falso**

    c. Los píxeles (acrónimo de Picture Element) son las unidades más pequeñas en una imagen. Poseen características homogéneas, es decir, en una misma imagen son todos de iguales dimensiones y cada uno viene definido por un único color.

        ☑ **Verdadero**
        ☐ Falso

    d. El principio descrito de cámara oscura nos permite transformar una realidad bidimensional en una proyección tridimensional.

        ☐ Verdadero
        ☑ **Falso**

    e. Los dispositivos basados en cámara oscura tienen la ventaja de operar mucho más rápido, puesto que de un solo golpe obtienen toda la imagen, mientras que los escáneres deben leer línea a línea.

        ☑ **Verdadero**
        ☐ Falso

f. En el muestreo de señales continuas existirá una frecuencia de muestreo, que nos indicará el número de imágenes capturadas por unidad de tiempo.

☑ **Verdadero**
☐ Falso

2. **Complete el siguiente texto:**

En los sistemas de producción automática (líneas, robots, etc.) la **velocidad de traslación** que estos sistemas desarrollan están directamente relacionadas con **la capacidad de cargas que puede desplazar,** de modo que, a **mayores cargas de trabajo** su velocidad de funcionamiento es **menor,** ya que arrastran grandes pesos y les cuesta más realizar grandes aceleraciones para alcanzar altas velocidades de régimen.

3. **Enumere las distintas etapas que se presentan en un sistema de puesta en marcha:**

1. Etapa de arranque, que será el punto de partida.
2. Aparición de las primeras dificultades.
3. Proceso de acoplamiento o reparación.
4. Etapa de madurez, donde el sistema se encuentra estable.

4. **En los siguientes dibujos se representan tres posibles configuraciones ópticas para la adquisición de la imagen por el dispositivo sensor fotosensible. La relación entre la lente y el objeto captado se denomina PMAG. Relacione cada imagen con su valor:**

a. PMAG > 1
b. PMAG = 1
c. PMAG < 1

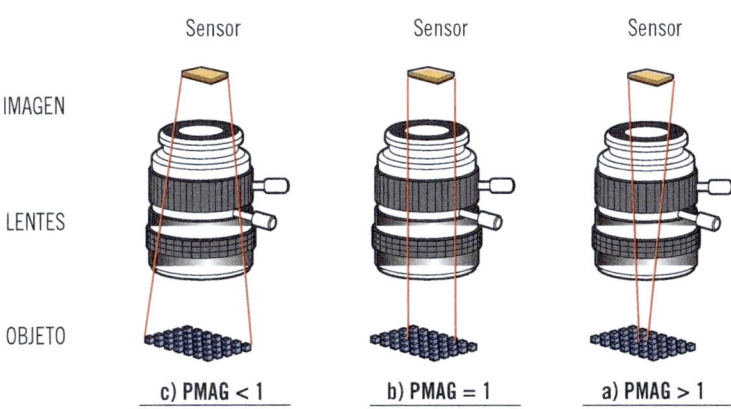

5. **Defina los conceptos:'Campo de visión' y. 'Distancia de trabajo'.**

Campo de visión = es el área del objeto que se captará por los sensores de la cámara.

Distancia de trabajo = es la longitud que separa la lente de la cámara y el objeto.

6. **Relacione los siguientes términos:**

      a. Cuantización de la señal.
      b. Formato JPG.
      c. Formato MPEG.
      d. Realidad aumentada.
      e. Homografía de imágenes.

      a. Nos indica el rango de valores que puede tomar cada píxel.
      c. Es una técnica estándar de compresión de vídeo.
      d. Técnica de visión artificial mediante la que se sobreimprime en imágenes reales información complementaria.
      b. Es una de las técnicas estándar de compresión de imágenes más utilizadas.
      e. Consiste en asociar entre dos imágenes que comparten puntos de una escena cada punto con cada punto y cada recta con cada recta.

7. **¿Cuándo se considerará un sistema de visión ajustado? Enumere cuatro requisitos:**

   I Los parámetros que lo definen queden regulados.
   I Exista integración y compatibilidad de los componentes.
   I Se instale un sistema de iluminación acorde y adecuada al sistema instalado.
   I Se asuman ideas de futuro para posibles ampliaciones, mejoras o modificaciones.

8. **Complete el siguiente texto:**

   Los procesos de comprobación de resultados deben estar dotados de **sistemas más o menos complejos de realimentación**. De nada sirve el **supervisar y comprobar** el funcionamiento de un proceso o de su producto resultante si no **se rectifican los errores detectados** o no se tratan de **impedir resultados no deseados**.

9. **Asocie de la siguiente lista de problemas observados en la adquisición de imágenes por un sistema de visión con una posible solución:**

   a. Imagen borrosa
   b. Iluminación defectuosa
   c. Variaciones de escala
   d. Imagen con poco contraste

   c. Acercar o alejar la cámara o colocar elementos ópticos.
   a. Ajustar la óptica hasta lograr nitidez en la imagen.
   d. Situar la pieza sobre un fondo en el que resalte y cause un alto contraste
   b. Modificar el sistema de iluminación o variar la apertura de la cámara.

Solucionario 7
Operaciones de mecanizado manual

Solucionario Capítulo 1

1. En la normalización del dibujo industrial existen tres categorías, que son:

   a. **De representación, de dimensiones y de designación.**
   b. De forma, de dimensión y de fabricación.
   c. De interpretación, de designación y de construcción.
   d. De acotación, de fabricación y de interpretación.

2. En la columna A se indican tipos de líneas utilizadas en las representaciones gráficas. En la columna B se indican aplicaciones de ellas.

   Enlace ambas columnas según corresponda.

A	B
Línea fina	**De cotas**
Línea fina de trazo y punto	**De eje de revolución**
Línea gruesa	**De arista viva**
Línea media de trazos	**De contorno oculto**
Línea fina a mano alzada	**De corte parcial**
Línea fina de trazo y doble punto	**De centro de gravedad**
Línea fina	**De rayados**

3. ¿Qué dos sistemas se usan para la representación de las vistas en un dibujo industrial?

   a. Americano (1er diedro) y europeo.
   b. **Europeo y americano (3er diedro).**
   c. Europeo (1er diedro) y americano (2° diedro).
   d. Americano y europeo (3er diedro).

4. **Complete:**

Proyectar una figura o cuerpo del espacio, desde un punto sobre un **plano** consiste en trazar **rectas** que partiendo del punto 'O', pasan por todos los **puntos** de la figura o cuerpo, prolongándose hasta chocar con el plano de **proyección**, obteniendo la proyección de la figura o cuerpo en el espacio.

5. **El sistema de perspectiva isométrica tiene como característica...**

    a. ... que sus ejes están situados perpendiculares al plano del cuadro.
    b. ... que sus ejes tienen una abertura entre sí igual a 100° sexagesimales.
    c. ... que no existe reducción en los ejes Z e Y.
    d. **... que existen coeficientes de reducción, pero no se emplean.**

6. **Seleccione si las siguientes afirmaciones son verdaderas o falsas:**

    a. La vista de perfil siempre es necesaria para la correcta definición de una pieza.

       ☐ Verdadero
       ☑ **Falso**

    b. La proyección cilíndrica ortogonal tiene el centro de proyección en el infinito, siendo las rectas proyectantes paralelas entre sí.

       ☑ **Verdadero**
       ☐ Falso

    c. Las formas curvas en la perspectiva caballera sufren una deformación en los planos paralelos al eje de fuga (elipse).

       ☑ **Verdadero**
       ☐ Falso

    d. En las secciones, se representan las zonas que toca el plano secante y las líneas que quedan detrás.

       ☐ Verdadero
       ☑ **Falso**

e. Los signos superficiales indican el acabado que debe tener la pieza una vez realizado su mecanizado.

    ☑ **Verdadero**
    ☐ Falso

f. En la industria se utilizan dimensiones adecuadas de representación, dependiendo de la escala del dibujo.

    ☑ **Verdadero**
    ☐ Falso

g. En los extremos de cota se pueden utilizar trazos, puntos y flechas abiertas a 90° ennegrecidas.

    ☐ Verdadero
    ☑ **Falso**

7. **Entre los símbolos que se utilizan en la representación de planos de fabricación se encuentran...**

    a. ... tolerancias de construcción, soldaduras y marca de la pieza.
    b. **... signos superficiales, inclinación e indicaciones escritas.**
    c. ... tolerancias geométricas, material de construcción y coaxialidad.
    d. ... tratamientos térmicos, demasías para mecanizado y acotaciones.

8. **Las normas de acotación aplicadas en España están recogidas en...**

    a. **... la norma UNE 1-039-94.**
    b. ... la norma 5.99 para la estandarización en España (AENOR).
    c. ... la norma ISO-9001, para la codificación y unificación industrial.
    d. ... el Real Decreto 31/1995 de normalización industrial.

9. **En las acotaciones, indique cuál de las siguientes afirmaciones no es un principio general:**

   a. Se ha de definir una sola vez cada elemento.
   b. Las líneas auxiliares no pueden cortar a las cotas dimensionales.
   c. Deben existir cotas parciales, ya que el operario no debe medir sobre el plano.
   d. Las cifras de cota en radios se inscribirán con línea horizontal.

10. **Indique los pasos principales para efectuar la acotación de una pieza, ya sea para las vistas o para la perspectiva, indicando brevemente la función que tienen.**

   1. Indicación del plano de corte.
      Para informar lo antes posible del método de representación (corte) utilizado.
   2. Cotas de diámetros y radios.
      Para indicar los taladros que se deben realizar en la pieza en bruto.
   3. Cotas de posición de taladros.
      Para indicar dónde se deben realizar los taladros que tendrá la pieza y situar el centrado de la taladradora.
   4. Cotas parciales.
      Para ver los distintos escalones que tiene la pieza. Se pueden agrupar en línea, facilitándose así la posición de las flechas.
   5. Cotas totales.
      Para encuadrar las dimensiones máximas en volumen y poder realizar el primer corte y mecanizado de la materia prima de la pieza.

Solucionario Capítulo 2

1. En los ajustes de piezas de la industria mecánica se llama agujero...

   a. ... al taladro donde se introduce un tornillo calibrado.
   b. ... al eje pasante que tienen los avellanados para tornillos.
   c. ... a la cavidad donde se introduce un eje circular.
   d. ... al lugar donde se introduce un eje, aunque este sea prismático.

2. En un ajuste entre eje y agujero se llama juego mínimo a la medida que resulta de...

   a. ... restar la medida máxima del eje, de la medida mínima del agujero.
   b. ... restar de la medida mínima del agujero, la mínima del eje.
   c. ... restar la medida máxima del agujero, de la medida mínima del eje.
   d. ... restar de la medida mínima del eje, la medida máxima del agujero.

3. **Complete:**

   La diferencia **superior** siempre se medirá desde la parte superior de la **tolerancia** hasta la línea de referencia, y la **diferencia** inferior se medirá siempre desde la parte inferior de la tolerancia hasta la línea de **referencia**.

4. En el sistema ISO el valor de la posición 'h' es el de la tolerancia y se sitúa...

   a. ... centrada con respecto a la línea de referencia.
   b. ... apoyada en la línea cero, por debajo.
   c. ... apoyada encima de la línea cero.
   d. ... en ningún lugar, no existe la posición 'h' en el eje.

5. En la columna A se indican posiciones de tolerancia ISO en el eje y en el agujero.

   En la columna B se indican los tipos de ajustes que se pueden conseguir según esa posición.

   Enlace ambas columnas según corresponda.

1. A	Ajuste de juego
2. js	(1, 3 y 7)
3. H	
4. m	Ajuste indeterminado
5. p	(2)
6. zb	
7. h	Ajuste con aprieto (4, 5 y 6)

6. ¿Qué factores se tendrán en cuenta para la elección de un ajuste?

   a. **Material, desgaste y temperatura.**
   b. Estado superficial, función y precio.
   c. Rugosidad, temperatura superficial y calidad IP.
   d. Mantenimiento, método de fabricación y acabado final.

7. Cuando se utilizan abreviaturas ISO en los ajustes, se seguirá el orden siguiente:

   a. Medida real, calidad IT y valor de la tolerancia.
   b. Dimensión nominal, letra con valor de tolerancia y aprieto máximo (en el eje).
   c. Medida entera, calidad y rugosidad.
   d. **Diámetro nominal, posición de tolerancia y calidad.**

8. Seleccione si las siguientes afirmaciones son verdaderas o falsas:

a. La superficie libre tendrá la superficie regular después del mecanizado al no servir de unión entre piezas.

☑ **Verdadero**
☐ Falso

b. Para piezas con cotas dispuestas en serie se recomienda utilizar signos abreviados ISO.

☐ Verdadero
☑ **Falso**

c. En la tolerancia geométrica de paralelismo se permiten errores de rectitud del eje, siempre que se mantenga el paralelismo respecto a la referencia.

☑ **Verdadero**
☐ Falso

d. La aspereza o rugosidad son las huellas que tiene la pieza antes del proceso de fabricación.

☐ Verdadero
☑ **Falso**

e. Los signos superficiales siempre incluyen el símbolo de clase de rugosidad y el tratamiento o proceso de mecanizado que se ha de aplicar a la superficie.

☐ Verdadero
☑ **Falso**

f. En el micrómetro se gira el tornillo del nonio móvil, situando el elemento a medir entre las patillas móviles en el caso de mediciones exteriores.

☑ **Verdadero**
☐ Falso

g. En el mármol de diabasa se colocan las piezas entintadas para comprobar que estas tienen la planicidad exigida en las tolerancias.

☑ **Verdadero**
☐ Falso

9. **Dentro del tipo de tolerancias geométricas de forma se encuentran...**

   a. **... las de rectitud, redondez y cilindricidad.**
   b. ... las de redondez, paralelismo y rectitud.
   c. ... las de posición, inclinación y planicidad.
   d. ... las de coaxialidad, planicidad y simetría.

10. **Realice una clasificación de los instrumentos de metrología estudiados según el tipo de medida que realizan cada uno de ellos.**

    a. INSTRUMENTOS DE MEDIDA DIRECTA:
       Regla graduada
       Calibre o pie de rey
       Gramil
       Micrómetro
       Goniómetro

    b. INSTRUMENTOS DE MEDIDA INDIRECTA:
       Reloj comparador
       Falsa escuadra

    c. INSTRUMENTOS DE VERIFICACIÓN:
       Calibre fijo pasa-no pasa
       Galga de roscas y de formas
       Falsa escuadra

    d. INSTRUMENTOS DE VERIFICACIÓN DE SUPERFICIES PLANAS:
       Regla de precisión
       Mármol de diabasa

Solucionario Capítulo 3

1. Con la operación de mecanizado manual de limado se puede conseguir...

   a. ... pulido y desbaste.
   b. ... corte en chapas de poco espesor y tratamientos superficiales.
   c. ... acabados superficiales triscados.
   d. ... aligerado de piezas gruesas por medio de arranque de virutas.

2. El triscado en los mecanizados manuales ayuda...

   a. ... en el burilado a la operación de acanalado de piezas.
   b. ... a realizar los trazados por medio del compás de puntas.
   c. ... en la realización de taladros en las piezas.
   d. ... al desplazamiento y corte de la hoja de sierra.

3. En la columna A se indican instrumentos utilizados en las operaciones de trazado.

   En la columna B se indica para qué se emplean cada uno de ellos.

   Enlace ambas columnas según corresponda.

1. Regla graduada	6,7 Marcado
2. Gramil	
3. Compás de puntas	1,2,3,4 Trazado
4. Escuadra falsa	
5. Calibre	1,3,5 Medición
6. Granete	
7. Punta de trazar	

4. Complete:

El **taladrado** es la operación que permite realizar agujeros que **atraviesan** o no las piezas que se están elaborando. Es una operación **con** arranque de viruta en la que se utiliza una herramienta llamada **broca** que se hace girar a gran velocidad, avanzando a través de la pieza, **evacuando** el material sobrante.

5. ¿Qué partes forman un macho de roscar?

a. **Ranura, guía y mango.**
b. Guía, mango y punta.
c. Cabeza, rosca y fondo.
d. Vástago, punta y dientes.

6. Seleccione si las siguientes afirmaciones son verdaderas o falsas:

a. En el aserrado una operación fundamental es colocar las puntas de los dientes de la sierra en el sentido del mango.

☐ Verdadero
☑ **Falso**

b. El picado es la superficie rugosa de la lima, el entallado que está marcado y se encarga de rebajar o pulir.

☑ **Verdadero**
☐ Falso

c. En el portaterrajas se acopla el cojinete para efectuar el roscado interior.

☐ Verdadero
☑ **Falso**

d. Mediante el escariado se realizan taladros que consiguen una finura superficial para cumplir las tolerancias exigidas.

☐ Verdadero
☑ **Falso**

e. La sufridera es la pieza que se emplea para la terminación de la cabeza del remache que se deforma.

☐ Verdadero
☑ **Falso**

f. En el rasqueteado manual una mano se utiliza para agarrar la rasqueta por el mango y la otra se apoya en el vástago.

☑ **Verdadero**
☐ Falso

7. **Las rasquetas se utilizan para conseguir un acabado fino. ¿Qué tipo de rasquetas hay?**

a. Doblada, cuchara y ovalada.
b. Plana, doblada y recta.
c. **Cuchara, plana y triangular.**
d. Triangular, plana y rectangular.

8. **Enumere los útiles de fijación y herramientas de sujeción que se emplean como auxiliares en los trabajos de mecanizados mecánicos.**

ÚTILES DE FIJACIÓN

▮ Tornillo de banco.
▮ Mordaza de presión.
▮ Sargento.
▮ Entenallas.
▮ Mordaza para tubos.
▮ Tenazas.

HERRAMIENTAS DE SUJECIÓN

▮ Alicates universal.
▮ Alicates de bocas planas.
▮ Alicates de electricista.
▮ Alicates cortafríos.
▮ Alicates para anillos seiger.

■ Alicates para circlips.
■ Alicates de orificios rasgados.

9. **¿Cuáles son los principios generales a adoptar sobre riesgos laborales?**

a. Evitar los riesgos e instruir a los empresarios.
b. **Combatir los riesgos en origen y planificar la prevención.**
c. Instruir a los empleados y evaluar los EPI a utilizar.
d. Planificar la evolución de la técnica y estudiar sus riesgos.

10. **¿Cuál es la normativa a aplicar en la prevención de riesgos laborales?**

a. La Ley 13/1995 de 8 de noviembre.
b. La Ley 31/1995 de 8 de octubre.
c. **La Ley 31/1995 de 8 de noviembre.**
d. La Ley 13/1996 de 8 de octubre.

Operaciones de mecanizado por medios automáticos

Solucionario Capítulo 1

1. Para poder seleccionar la máquina herramienta que se adapta a la fabricación de una pieza en particular basta con analizar...

    a. ... el plano de la pieza.
    b. ... el material con el que se fabricará la pieza.
    c. ... la maquinaria con que contamos.
    d. Todas las opciones son incorrectas.

2. De las siguientes frases, indique cuál es verdadera o falsa.

    a. Los trabajos de taladrado generalmente ocupan el último lugar en los procedimientos de mecanizado.

        ☑ **Verdadero**
        ☐ Falso

    b. El documento que define el camino a seguir en cuanto al orden de las operaciones y la cantidad de piezas a fabricar se llama procedimiento de trabajo.

        ☐ Verdadero
        ☑ **Falso**

    c. Un útil destinado a posicionar una pieza y posteriormente soldarla a otra con una inclinación de 45 grados se considera un utillaje de producción.

        ☑ **Verdadero**
        ☐ Falso

3. Complete las siguientes oraciones.

Para la mecanización de un eje se utilizará el procedimiento de **torneado**.

Los procedimientos de arranque de viruta más conocidos son el **torneado**, el **fresado** y el **taladrado**.

4. La máquina roscadora, es una máquina herramienta utilizada para...

   a. La máquina roscadora no se considera una máquina herramienta.
   b. ... realizar roscados solo en piezas planas.
   c. ... filetear ejes.
   d. ... retaladrar agujeros roscados solo en piezas planas.

5. Relacione los siguientes elementos.

   a. Fresadora.
   b. Utillaje de control.
   c. Utillaje de fabricación.

   a. Máquina herramienta.
   b. Calidad.
   c. Producción.

6. El utillaje que certifica la correcta fabricación y montaje de una pieza se llama...

   a. ... utillaje de producción o control.
   b. ... utillaje de verificación.
   c. ... utillaje de fabricación.
   d. ... utillaje de posicionamiento o autocontrol.

7. ¿Cómo se llama el procedimiento de arranque de partículas por el cual se corrige una superficie con enorme precisión?

   a. Abrillantado.
   b. Pulido.
   c. Rectificado.
   d. Bruñido.

8. Indique cuál de los siguientes apartados o casillas no es de obligatoria inclusión en la hoja de ruta.

    a. Número de operación.
    b. Observaciones.
    c. Membrete de la empresa.
    d. Código de máquina.

9. Relacione los siguientes elementos.

    a. Cilindrado.
    b. Planificado.
    c. Arranque de viruta.
    d. Arranque de partículas.

    d. Pulido.
    c. Limado.
    b. Fresado.
    a. Torneado.

10. ¿Cuál de las siguientes técnicas no es utilizada para realizar transformaciones en la materia prima?

    a. Trefilado.
    b. Trepanado.
    c. Sinterizado.
    d. Forja.

Solucionario Capítulo 2

1. Indique cuál de los siguientes elementos no forma parte de la estructura de un torno.

   a. El portaherramientas.
   b. El contracabezal.
   c. El carro.
   d. La bancada.

2. De las siguientes frases, indique cuál es verdadera o falsa.

   a. El tipo de torno que cuenta con un plato giratorio dispuesto en forma horizontal es conocido como torno vertical.

      ☑ **Verdadero**
      ☐ Falso

   b. Al aumentar la velocidad del plato giratorio crece la productividad y es mayor el desgaste de la herramienta de corte.

      ☑ **Verdadero**
      ☐ Falso

   c. La sujeción de piezas pequeñas y largas se realiza mediante al amarre en voladizo.

      ☐ Verdadero
      ☑ **Falso**

3. Complete las siguientes oraciones:

   La característica que define la capacidad que posee un material para poder ser mecanizado se denomina **maquinabilidad.**

   La técnica de torneado utilizada para realizar planos perpendiculares al eje longitudinal de giro del torno se llama **refrentado.**

4. Las cuchillas de corte suelen ser del tipo 'acero rápido' o 'metal duro'. Las primeras pueden soportar temperaturas de hasta 600 grados centígrados y las segundas...

    a. ... más de 850 grados.
    b. ... más de 800 grados.
    c. ... hasta 850 grados.
    d. ... hasta 800 grados.

5. La selección de las herramientas de corte se realizará en función de...

    a. ... la velocidad de avance de la herramienta.
    b. ... el tipo de material y el trabajo a realizar.
    c. ... la penetración de la cuchilla en el material.
    d. ... el trabajo de torneado y la velocidad de corte.

6. ¿Cuál de los siguientes conjuntos de operaciones es el más utilizado en la mayoría de trabajos de torneado?

    a. Desbaste y afino.
    b. Desbaste y superacabado.
    c. Desbaste y rectificado.
    d. Todas las opciones son incorrectas.

7. Indique cuál es el parámetro de mecanizado que hace que la herramienta se desplace de forma perpendicular al eje de giro del torno.

    a. Velocidad de husillo.
    b. Profundidad de corte.
    c. Profundidad de avance.
    d. Velocidad de corte.

8. **Complete las siguientes oraciones:**

Durante el afilado de herramientas y trabajando con metales quebradizos el operador de torno deberá llevar obligatoriamente **gafas de protección.**

La ropa de trabajo ha de estar **ceñida** al cuerpo para evitar enganches con los órganos móviles de la máquina.

9. Al ejecutar la operación de refrentado la dirección de penetración (profundidad de corte) de la herramienta en el material se produce de forma...

   a. ... perpendicular al eje de giro de la máquina.
   b. ... oblicua al eje de giro de la máquina.
   c. **... paralela al eje de giro de la máquina.**
   d. Todas las opciones son incorrectas.

10. Un avance de 0,1 mm/rev, cuando se hace girar el plato a 1.500 r. p. m., provoca que la herramienta de corte recorra en un minuto...

   a. ... 15 mm lineales.
   b. ... 1.500 mm lineales.
   c. ... 15.000 mm lineales.
   d. **... 150 mm lineales.**

Solucionario Capítulo 3

1. Al margen del bastidor, el husillo, la mesa y la ménsula, indique cuál de los siguientes elementos completa la estructura de una máquina fresadora.

   a. Los carros.
   b. La torreta.
   c. El plato divisor.
   d. Todas las opciones son incorrectas.

2. De las siguientes frases, indique cuál es verdadera o falsa.

   a. El tipo de máquina fresadora más generalizado en las industrias de fabricación metálica es la fresadora horizontal.

      ☐ Verdadero
      ☑ **Falso**

   b. El fresado que necesita más potencia y a su vez logra un mejor acabado superficial es conocido como fresado en concordancia.

      ☑ **Verdadero**
      ☐ Falso

   c. El método de sujeción más adecuado para trabajar con piezas esbeltas se llama sujeción directa sobre la mesa.

      ☑ **Verdadero**
      ☐ Falso

3. ¿Cómo se le conoce también al fresado en oposición?

   a. Fresado hacia arriba.
   b. Fresado hacia fuera.
   c. Fresado en contradirección.
   d. Todas las opciones son correctas.

4. Complete las siguientes oraciones:

Las fresas de **planear** realizan planos horizontales (utilizados a menudo como planos de referencia), mientras que las fresas de **chaflanar** se usan para realizar perfiles y rebabados.

Las herramientas de corte en general se suelen clasificar en los siguientes tipos: Herramientas de **acero rápido** (HSS) y de **metal duro** ('widia').

5. Indique cuál de las siguientes técnicas de fresado se utiliza para realizar planos perpendiculares al eje de giro de la fresadora.

     a. Cajeado.
     b. Copiado.
     c. Chaflanado.
     d. Planeado.

6. Durante el avance axial, el corte de material es producido por:

     a. Los filos de la cara frontal de la herramienta utilizada.
     b. Los filos periféricos de la herramienta utilizada.
     c. Las caras laterales de la herramienta utilizada.
     d. La alta velocidad de husillo aplicada a la herramienta.

7. ¿Es cierto que la velocidad de giro en trabajos de fresado, en general es más elevada en relación a la aplicada a los tornos?

     a. Sí.
     b. No.
     c. Sí, ya que las fresadoras tienen más potencia que los tornos.
     d. Todas las respuestas son incorrectas.

8. ¿Cuál es la velocidad de corte cuando se utiliza una fresa de 10 mm de diámetro y el husillo gira a 1.000 r. p. m.?

    a. 31,42 m/min.
    b. 314,2 m/min.
    c. 31,42 mm/min.
    d. 314,2 mm/min.

9. Una de las causas de vibraciones durante los trabajos de fresado es:

    a. La herramienta y su afilado.
    b. El fresado en concordancia.
    c. La velocidad de giro del husillo.
    d. Todas las opciones son correctas.

10. La limpieza programada y exhaustiva de la máquina fresadora, ha de realizarse tanto en...

    a. ... los órganos exteriores como en los ocultos (interiores).
    b. ... los elementos inmóviles como en los estáticos.
    c. ... las paradas preventivas como en las correctivas.
    d. Todas las opciones son incorrectas.

Solucionario Capítulo 4

1. Señale el elemento que no es una parte constituyente de las máquinas taladradoras.

   a. La broca.
   b. La columna.
   c. La base.
   d. La mesa.

2. ¿Cuál de los siguientes tipos de taladros es al adecuado para trabajar con piezas grandes y pesadas?

   a. El taladro horizontal.
   b. El taladro radial.
   c. El taladro de columna.
   d. El taladro de husillo múltiple.

3. De las siguientes frases, indique cuál es verdadera o falsa.

   a. El taladrado en macizo se utiliza solamente para practicar agujeros pasantes.

      ☐ Verdadero
      ☑ **Falso**

   b. El trepanado con desperdicio es utilizado con poca asiduidad, mientras que el trepanado sin desperdicio es una de las operaciones más habituales.

      ☐ Verdadero
      ☑ **Falso**

4. Complete las siguientes oraciones:

   La aplicación más conocida de las brocas de **escariar** es la de realizar el acabado superficial (interior) exigido y perfectamente cilíndrico.

   Los portaherramientas abocados a desaparecer son los llamados **"de llave"**, mientras que los automáticos cuentan con mayor aceptación y uso.

5. Los movimientos característicos de una máquina taladradora son:

    a. El movimiento de penetración axial y avance radial (solo eje 'X').
    b. El movimiento de corte radial y avance axial.
    c. El movimiento de corte y avance axiales (eje 'Z').
    d. El movimiento de penetración y avance radiales (solo eje 'X').

6. La broca que se utilizará para fabricar un taladro roscado de M-12x1,75 será la de...

    a. ... ϕ 11,25 mm.
    b. ... ϕ 13,75 mm.
    c. ... ϕ 10,25 mm.
    d. Todas las opciones son incorrectas.

7. El portaherramientas en una máquina taladradora es:

    a. El encargado de sustentar las brocas de tipo enterizo.
    b. El elemento que se desplaza radialmente en las taladradoras de husillo múltiple.
    c. El encargado de sujetar/amarrar la broca o herramienta de corte.
    d. La propia broca cuando dispone de plaquitas de corte.

8. Independientemente del material utilizado para realizar los taladros, la velocidad de corte, en general, debe...

    a. ... disminuirse conforme aumenta el diámetro de la broca.
    b. ... aumentarse conforme aumenta al diámetro de la broca.
    c. ... aumentarse conforme disminuye el diámetro de la broca.
    d. ... permanecer constante aunque aumentemos el diámetro de la broca.

9. La velocidad de corte de la herramienta durante los trabajos de taladrado depende de...

    a. ... el diámetro de la herramienta y de la velocidad de giro de la misma.
    b. ... la constante π (pi) (3,14159).
    c. ... el número de labios de la herramienta de corte.
    d. ... la relación entre la potencia del taladro y el paso de la herramienta.

10. **Un aumento en la velocidad de husillo tiene como consecuencia...**

    a. ... la disminución de la velocidad de corte.
    b. ... el aumento del tiempo de mecanizado.
    c. **... la inalterabilidad del paso de la herramienta utilizada.**
    d. Todas las opciones son correctas.

Solucionario Capítulo 5

1. Señale cuál de los siguientes elementos es constituyente de la estructura de una máquina rectificadora.

 a. La muela abrasiva.
 b. El contracabezal.
 c. El diferencial autoblocante.
 d. La mesa.

2. ¿Cuál de las siguientes técnicas es la idónea para realizar el rectificado de una cara plana en una pieza cilíndrica o de revolución?

 a. El rectificado cilíndrico interior.
 b. El rectificado cilíndrico exterior.
 c. El rectificado plano axial.
 d. El rectificado plano frontal.

3. De las siguientes frases, indique cuál es verdadera o falsa.

 a. Las operaciones de rectificado solo es posible llevarlas a cabo mediante máquinas estacionarias.

  ☐ Verdadero
  ☑ **Falso**

 b. Las operaciones de rectificado están íntimamente relacionadas con el acabado superficial.

  ☑ **Verdadero**
  ☐ Falso

4. Complete la siguiente oración:

El aglomerante **galvánico** se caracteriza por estar recubierto de una sola capa de abrasivo, mientras que el aglomerante **cerámico** es el único que cuenta con una estructura porosa.

5. La concentración de grano se puede definir como...

    a. ... el número de granos por unidad de volumen.
    b. ... el número de poros por unidad de volumen.
    c. ... el diámetro del grano por unidad de volumen.
    d. Todas las opciones son incorrectas.

6. El diámetro del grano en una herramienta abrasiva se mide en...

    a. ... diezmilésimas partes de milímetro.
    b. ... centésimas partes de milímetro.
    c. ... micras.
    d. ... milímetros.

7. ¿Cuál de los siguientes métodos de sujeción no es apto para realizar trabajos de rectificado?

    a. Tornillo de banco.
    b. Morsa.
    c. Plato magnético.
    d. Sujeción mediante puntos o centros.

8. La técnica de prepulido (o pulido basto) elimina un espesor de material del orden de...

    a. ... entre 0,01 – 0,02 mm.
    b. ... entre 0,03 – 0,10 mm.
    c. ... entre 0,02 – 0,03 mm.
    d. ... entre 0,10 – 0,15 mm.

9. Generalmente, tras aplicar a una pieza un tratamiento térmico se la suele...

    a. ... lapear.
    b. ... abrillantar.
    c. ... rectificar.
    d. Todas las opciones son incorrectas.

10. Una muela abrasiva de 100 mm de diámetro y con velocidad máxima de trabajo 15 m/s puede montarse en un husillo que gire a...

    a. ... 3.500 r. p. m.
    b. ... 3.250 r. p. m.
    c. ... 3.000 r. p. m.
    d. ... 2.500 r. p. m.

Solucionario Capítulo 6

1. Indique cuál de los siguientes tipos no es un sistema de fabricación:

   a. Fabricación por arranque de viruta.
   b. Fabricación por conformado.
   c. Fabricación por moldeado.
   d. Fabricación por modelado.

2. Señale cuál de las siguientes máquinas no es considerada una máquina especial CNC.

   a. Centro de mecanizado.
   b. Cortadora láser.
   c. Cortadora de disco.
   d. Plegadora de chapa.

3. **Complete la siguiente oración.**

   Los elementos constituyentes de una máquina de corte láser son **la mesa, el cabezal, el puente** y el centro **de control.** La trancha forma parte de las máquinas **plegadoras** y la torcha pertenece a las máquinas de **corte láser.**

4. **De las siguientes frases, indique cuál es verdadera o falsa:**

   a. Una máquina prensadora además de realizar embuticiones puede ejecutar trabajos de plegado.

      ☑ **Verdadero**
      ☐ Falso

   b. Los centros de mecanizado engloban trabajos de roscado, fresado, torneado y taladrado.

      ☑ **Verdadero**
      ☐ Falso

5. El equipo de giro, formado por roldana, matriz, contramatriz, barra y bola, pertenece a las máquinas...

    a. ... **plegadoras.**
    b. ... curvadoras.
    c. ... centro de mecanizado.
    d. ... prensadoras excéntricas.

6. Las máquinas mortajadoras están especialmente diseñadas para trabajar...

    a. ... con piezas previamente templadas y rectificadas.
    b. ... planos horizontales.
    c. ... **dentados y engranajes.**
    d. Todas las opciones son incorrectas.

7. La secuencia más lógica y utilizada para realizar una serie corta de fabricación, en la que se realizarán únicamente diez cajones metálicos sencillos, sería:

    a. El corte de chapa con láser y conformado mediante útil en máquina prensadora.
    b. La realización de un vaciado a un tocho macizo mediante mecanizado.
    c. **El corte de chapa con láser y posterior plegado.**
    d. Las respuestas a y b son correctas.

8. En las máquinas cortadoras de disco, el movimiento de corte lo realiza la propia herramienta. Y el de avance es realizado...

    a. ... por la pieza que es cortada.
    b. ... **también por la herramienta de corte.**
    c. No existe avance, ya que la pieza permanece estática durante su corte.
    d. Todas las opciones son incorrectas.

9. La capacidad de embutición en las máquinas prensadoras va a depender principalmente...

    a. ... del recorrido del husillo.
    b. ... del utillaje utilizado.
    c. ... de la potencia de sus motores eléctricos.
    d. ... del tonelaje de la máquina.

10. ¿Qué tres características hemos de tener en cuenta a la hora de seleccionar la máquina y el procedimiento adecuado para realizar el trabajo encomendado?

    a. Número de piezas a fabricar, dimensiones de la pieza y sus superficies.
    b. Material del que está compuesta la pieza, geometría y proceso de elaboración.
    c. Volumen de fabricación, tolerancias dimensionales y tamaño de la pieza.
    d. Todas las opciones son correctas.

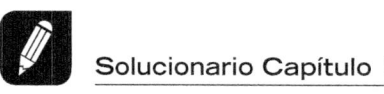

Solucionario Capítulo 1

1. De las siguientes frases, indique cuál es verdadera o falsa.

   a. Las uniones atornilladas son fácilmente desmontables.

      ☑ **Verdadero**
      ☐ Falso

   b. El remachado no se utiliza en la industria del automóvil.

      ☐ Verdadero
      ☑ **Falso**

   c. Las uniones atornilladas son difíciles de ejecutar.

      ☑ **Verdadero**
      ☐ Falso

2. ¿Cuál de las siguientes no es una parte del tornillo?

   a. Cabeza.
   b. Cuello.
   c. Rosca.
   d. **Todas las opciones son correctas.**

3. Los tornillos ordinarios y los calibrados se diferencian en...

   a. ... el paso.
   b. **... el juego tornillo-tuerca.**
   c. ... el tipo de acero.
   d. ... la longitud del tornillo.

4. Los tornillos en su cabeza llevan estampada...

    a. ... su calidad, que indica la resistencia mecánica del mismo.
    b. ... no llevan ninguna inscripción.
    c. ... el diámetro nominal.
    d. ... el tipo de material.
    e. Todas las opciones son incorrectas.

5. ¿Qué tipo de rosca es la estándar a nivel internacional?

    a. Whitworth.
    b. Métrica.
    c. Seller.
    d. Unificada.

6. En un tornillo de rosca doble que tiene un avance de 12 mm al completar una revolución de la tuerca acoplada en él, ¿cuál es el paso de dicho tornillo?

    a. 3 mm.
    b. 12 mm.
    c. 24 mm.
    d. 6 mm.

7. ¿Cuál de los siguientes problemas puede dar lugar a un error en el apriete de un tornillo?

    a. Rosca dañada.
    b. Lubricación inadecuada.
    c. Falta de algún componente de la unión.
    d. Relajación en la fuerza de amarre.
    e. Todas las opciones son correctas.

8. De las siguientes frases, indique cuál es verdadera o falsa.

    a. Se pueden crear uniones estancas al escape de líquidos.

        ☑ **Verdadero**
        ☐ Falso

b. Se puede realizar utilizando robots que automaticen la tarea.

☑ **Verdadero**
☐ Falso

c. Es una técnica utilizada desde hace poco tiempo.

☐ Verdadero
☑ **Falso**

9. ¿Cuál es el material que se utiliza en el remache?

a. Normalmente el mismo que el de los materiales a unir.
b. Un material muy duro y frágil para dar mayor resistencia a la unión.
c. Debe ser un material dúctil.
d. **Las respuestas a y c son correctas.**

10. Al remachar en caliente se consigue una unión más fuerte debido a que ...

a. ... se funden los materiales en esa zona y quedan unidos como en una soldadura.
b. ... se originan fuerzas de contracción longitudinales que incrementan el rozamiento en las zonas de contacto de las piezas.
c. ... se originan fuerzas de contracción transversales que incrementan el rozamiento en las zonas de contacto de las piezas.
d. **Las respuestas b y c son correctas.**

Solucionario Capítulo 2

1. La propiedad por la que se generan fuerzas de unión entre dos cuerpos a nivel molecular se denomina...

   a. ... adhesión.
   b. ... cohesión.
   c. ... fuerza molecular.
   d. Ninguna de las respuestas anteriores es correcta.

2. Que una unión sea dieléctrica significa...

   a. ... que es conductora de la electricidad.
   b. ... que no es conductora de la electricidad.
   c. ... que no es conductora de la electricidad, pero bajo la acción de un campo eléctrico externo puede almacenar dicha energía eléctrica.
   d. ... que genera un campo eléctrico propio.

3. Respecto a las uniones adhesivas, marque la respuesta correcta:

   a. No producen concentración de tensiones.
   b. No es necesario el uso de elementos externos para unir las piezas.
   c. Pueden ser estancas.
   d. Todas las respuestas anteriores son correctas.

4. Los adhesivos naturales...

   a. ... son los más utilizados.
   b. ... generan una fuerza de unión muy alta.
   c. ... se utilizan como adhesivos estructurales.
   d. Ninguna de las respuestas anteriores es correcta.

5. La rotura de una unión realizada con adhesivos debería producirse...

    a. ... por rotura del sustrato.
    b. ... por rotura interna del adhesivo (fallo cohesivo).
    c. ... por separación del adhesivo de uno de los sustratos (fallo adhesivo).
    d. Ninguna de las respuestas anteriores es correcta.

6. Los esfuerzos a los que preferentemente debe estar sometida la unión son:

    a. Tracción y corte.
    b. Tracción y pelado.
    c. Pelado y corte.
    d. Pelado y desprendimiento.

7. Indicar cuál/es de las siguientes uniones tiene un diseño adecuado:

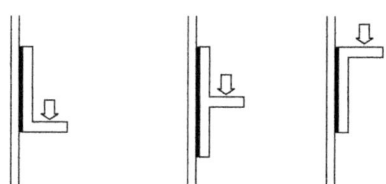

    a. Ninguna de las anteriores es un buen diseño.
    b. La 1 y la 2.
    c. La 2 y la 3.
    d. La 1 y la 3.

8. Antes de aplicar el adhesivo...

    a. ... siempre hay que pulir, para tener una superficie con baja rugosidad.
    b. ... no se realiza ninguna operación.
    c. ... hay que aplicar el tratamiento superficial adecuado al adhesivo a utilizar.
    d. Ninguna de las respuestas anteriores es correcta.

9. La principal función de un adhesivo elástico es:

   a. Resistente.
   b. De sellado.
   c. De fijación de elementos mecánicos.
   d. Para uniones rápidas.

10. Los adhesivos son productos peligrosos debido a que...

   a. ... pueden provocar irritaciones.
   b. ... pueden provocar quemaduras.
   c. ... son nocivos si se inhalan.
   d. Todas las respuestas anteriores son correctas.

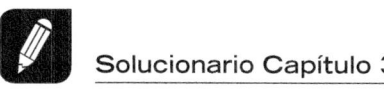

Solucionario Capítulo 3

1. Señale si las siguientes afirmaciones son verdaderas o falsas.

    a. Las uniones soldadas son fácilmente desmontables.

        ☐ Verdadero
        ☑ **Falso**

    b. La ejecución de una soldadura no requiere medidas de seguridad.

        ☐ Verdadero
        ☑ **Falso**

    c. En una soldadura fuerte se funden tanto el metal de aporte como la pieza a soldar.

        ☐ Verdadero
        ☑ **Falso**

2. ¿Cuál de los siguientes procesos no utiliza un arco eléctrico como fuente de calor?

    a. MIG.
    b. MAG.
    c. TIG.
    d. Soldadura por oxigás.

3. ¿Para qué sirven los símbolos de soldadura?

    a. Para saber el proceso a utilizar.
    b. Para dimensionar la soldadura.
    c. Para conocer la preparación de los bordes.
    d. Todas las respuestas anteriores son correctas.

4. En relación a la soldadura oxiacetilénica, señale la respuesta correcta.

    a. Es fácilmente automatizable.

    b. No está indicada para el soldeo de aceros.

    c. La energía química producida por la combustión de los gases se utiliza para la fusión del metal base.

    d. Es un proceso especialmente indicado para piezas gruesas.

    e. Es adecuado para piezas estructurales de responsabilidad por la mínima influencia térmica residual que provoca.

5. El equipo de soldadura oxiacetilénica está formado por...

    a. ... botellas, soplete, fuente de energía y mangueras.

    b. ... botellas, soplete, reguladores de presión y mangueras.

    c. ... alimentador de fundente, soplete, reguladores de presión y mangueras.

    d. ... botellas, soplete, reguladores de presión y cables de corriente.

6. Los rectificadores permiten trabajar con corriente...

    a. ... continua y polaridad directa.

    b. ... continua y polaridad inversa.

    c. ... alterna.

    d. Todas las respuestas anteriores son correctas.

7. Interprete el siguiente código según la AWS: E-7013.

    a. Electrodo de resistencia a la tracción mínima 70.000 lbs/pulg^2, para soldar en todas las posiciones, recubrimiento rutílico y para todo tipo de corriente.

    b. Electrodo de resistencia a la tracción mínima 60.000 lbs/pulg^2, para soldar en todas las posiciones, recubrimiento rutílico y para todo tipo de corriente.

    c. Electrodo de resistencia a la tracción mínima 70.000 lbs/pulg^2, para soldar solo en posición horizontal, recubrimiento rutílico y para todo tipo de corriente.

    d. Electrodo de resistencia a la tracción mínima 60.000 lbs/pulg^2, para soldar en todas las posiciones, recubrimiento rutílico y para corriente alterna.

8. Complete el siguiente texto:

El método de soldadura por arco sumergido permite soldar en posición **horizontal** y también en posición **plana**.

9. ¿Cuál es el material base de los electrodos en el procedimiento TIG?

a. Cobre.
b. Acero al carbono.
c. **Tungsteno.**
d. Manganeso.

10. Conteste verdadero o falso a las siguientes afirmaciones.

a. En los procedimientos MIG/MAG se suministra un fundente para proteger el baño de metal.

☐ Verdadero
☑ **Falso**

b. Los procesos de soldadura por arco bajo gas protector se pueden automatizar.

☑ **Verdadero**
☐ Falso

c. El gas protector utilizado en soldadura MIG influye en la penetración y forma del cordón.

☑ **Verdadero**
☐ Falso